3

帝国的隐忧

王光波 编著

浙江工商大学出版社
·杭州·

图书在版编目（CIP）数据

明史 / 王光波编著 . —杭州：浙江工商大学出版社，2022.9（2024.1 重印）

（有料更有趣的朝代史 / 胡岳雷主编）

ISBN 978-7-5178-4932-2

Ⅰ . ①明… Ⅱ . ①王… Ⅲ . ①中国历史—明代—通俗读物 Ⅳ . ① K248.09

中国版本图书馆 CIP 数据核字（2022）第 073053 号

明　史

MING SHI

王光波　编著

责任编辑	任晓燕
责任校对	穆静雯
封面设计	吕丽梅
责任印制	包建辉
出版发行	浙江工商大学出版社 （杭州市教工路 198 号　邮政编码 310012） （E-mail: zjgsupress@163.com） （网址：http://www.zjgsupress.com） 电话：0571-88904980，88831806（传真）
排　　版	北京东方视点数据技术有限公司
印　　刷	唐山富达印务有限公司
开　　本	787mm×1092mm　1/32
印　　张	28
字　　数	596 千
版 印 次	2022 年 9 月第 1 版　2024 年 1 月第 2 次印刷
书　　号	ISBN 978-7-5178-4932-2
定　　价	198.00 元（全四册）

版权所有　侵权必究

如发现印装质量问题，影响阅读，请和营销与发行中心联系

联系电话　0571-88904970

目 录

第一章 四集联播：皇帝—俘虏—囚犯—皇帝

　　王太监夺权三部曲 _ 003

　　小弟弟被激怒了 _ 008

　　二十万人集体大出游 _ 012

　　这回真的无路可逃了 _ 015

　　北京！北京！_ 019

　　皇室内部矛盾 _ 024

　　一个投机主义者的末日 _ 029

　　李贤的潜伏大戏 _ 032

第二章 成化，一个哭笑不得的时代

　　我爱你，就像老鼠爱大米 _ 039

　　纪姑娘的肚子 _ 044

　　朝廷的规矩 _ 048

　　成功？我才刚上路哎 _ 053

痛打落水狗 _ 058

第三章 弘治：活着就是做有意义的事

因为懂得，所以慈悲 _ 065

你们这些臭虫，死去 _ 069

祖宗之法也得变 _ 075

第四章 正德朝的光荣败家史

我的爱好是娱乐 _ 079

豹房是个"好地方" _ 084

皇帝要出关 _ 089

跟小王子干上了 _ 093

把命玩丢了 _ 098

第五章 刘瑾，一场游戏一场梦

刘瑾，陪我好好玩 _ 107

"狼狈为奸"是门功夫 _ 113

得罪我？还要不要小命了 _ 118

搞不定的杨廷和，整不死的杨一清 _ 124

刘瑾，你早点死吧 _ 129

第六章 仪礼之争，不蒸馒头争口气

不让我进去，我还不干了 _ 137

管谁叫爹还能强行摊派啊 _ 141

第一回合，杨廷和先生胜 _ 145

挂印而去，不干了 _ 149

为亲生父母正名 _ 153

　　争斗还在继续 _ 157

第七章　严嵩：一半是海水，一半是火焰

　　最阴险的人物登场 _ 165

　　整的就是你，不用再怀疑 _ 171

　　几头虎狼的死斗 _ 176

　　杀人，很好玩，很刺激 _ 182

　　开始走下坡路 _ 185

　　一次道教活动决定的命运 _ 191

　　丧钟为严太师敲响 _ 198

第八章　今夜星光灿烂

　　海瑞：谢谢捧场，我只是做我该做的事情 _ 205

　　高拱：我承认，我是一个难搞的人 _ 209

　　戚继光：很猛很强大 _ 214

第一章

四集联播：皇帝—俘虏—囚犯—皇帝

王太监夺权三部曲

明英宗正统八年（1443年），一个平常的日子，驸马都尉石璟家中的用人犯了错，石璟斥声责骂了太监员宝一顿。在封建等级制度极其森严的古代社会，主人斥骂奴才这样的小事早已是家常便饭，不足为奇。但是，宫中的一个太监听闻此事，却极为不满，带着物伤其类的伤感情怀，下令将驸马都尉投进锦衣卫大牢，并命人严加看守，将其囚禁起来。

这太监是何许人也，竟会如此大胆，敢拿如此芝麻绿豆的小事大做文章，连皇帝的女婿都敢囚禁？此人名叫王振，是明英宗身边的亲信太监，掌管着司礼监大太监的职位，仰仗着英宗的宠信，在朝廷之内作威作福，权倾四海。

王振本是宣宗时蔚州（今河北蔚县）一带的一个流氓，年轻时候读过一些书，考了几次科举都没有中，娶妻生子以后，在县里当教官，后来犯了罪即将被发配充军。

这个时候，正赶上朝廷要挑选一部分地方上的学官，"净身入宫训女官辈"。即将被发配充军的王振，认为这是个出人头地的大好机会，于是，便抛妻弃儿，自阉进宫，用常人无法承受的代价，铺就了一条飞黄腾达之路。

宫里太监们大多都没有文化，粗通文字的王振成了太监中的佼佼者，被尊敬地称为"王先生"。宣宗认为他是一个人才，任命他为东宫局郎，派他去侍奉太子读书。

王振生性狡诈，但宫中的宦官也不乏奸险之辈，论狡诈、论奸猾，他未必就是最出众的，宣宗在位时，他并未受宠。但是与太子朱祁镇朝夕相处，王振用尽各种伎俩，深深地赢得了太子的欢心和信任，正是与太子的这份不解之缘，成为他日后夺权的第一块垫脚石，道貌岸然的王振成了太子的启蒙导师。

纵观历史，我们会发现，一个帝国的兴衰，不仅取决于君王勤政爱民的程度，还有赖于朝臣们辅佐君王的赤胆忠心，更重要的是自古以来"亲贤臣，远奸佞"的清廉朝政。如果帝王的身边有奸佞小人胡作非为，瞒天过海，扰乱朝政，那么，一个帝国离没落也就不远了。

宣德十年（1435年）正月，宣宗病死，太子朱祁镇即位，改元正统。朱祁镇即位后，深得他信任和依赖的王先生，自然受到了提拔和重用。王振取代了原司礼太监金英的位置，一跃成为宦官中权力最大的司礼太监。

明朝设立了"票拟"和"批红"制度，宣宗时候，让司礼监的人把票拟的内容抄下来，让司礼秉笔太监代理自己行使批红的权力，再经由司礼监掌印太监最后盖章通过。由于皇帝深居简出，平时和外廷的官员接触较少，久而久之，有的大太监便开始了瞒天过海的把戏，欺上瞒下，假传圣谕或篡改谕旨，以达到自己贪婪的政治私欲。

朱祁镇把如此重要的职权交给了王振，使王振有了夺权乱政的资本，为他日后擅权开辟了道路。仗着皇帝对自己的宠信，王振开始在宫中作威作福，私欲日益膨胀的王振还掌握了一部分兵权，用来威慑那些手无寸铁的文臣。

但是，王振夺权的道路也并非一帆风顺。

宣宗在驾崩前，为朱祁镇钦点了五位顾命大臣，此五人分别是：杨士奇、杨荣、杨溥、张辅、胡濙。年仅九岁的朱祁镇不能亲自处理国家大事，由其祖母太皇太后张氏垂帘听政，张太皇太后是一个贤明有德的人，她虽然秉政，但把一切国家政务都交给内阁大臣们处理，自己绝不过问。

张太皇太后见王振逐渐有干预朝政的野心，为防止宦官专政而亡国的前朝历史悲剧重现，她决定给王振来一次震慑，以打消他的野心和念头。

一天，太皇太后让宫中的女官穿上戎装，佩上刀剑，守卫在偏殿，然后将几位顾命大臣召到偏殿。据记载，太皇太后意味深长地对五位大臣说："卿等老臣，嗣君幼，幸同心共安社稷。"（《于少保萃忠全传》）太皇太后意在让他们共同辅佐幼主。随后，太皇太后告诫年幼的朱祁镇，如果皇上有什么想做的事情，一定要和这五个人商量，如果皇帝要做的事情这五位大臣不赞成，那么绝对不可以做！

五位大臣听了太皇太后的一番嘱托，感动得无以言表，誓死辅佐幼主。

过了一会儿，太皇太后宣王振上殿觐见。到了偏殿，一看朱祁镇和五位大臣都在，王振以为太皇太后要对自己委以重任，心里暗自得意。谁料，太皇太后见到王振，一改刚才的和颜悦色，严声喝令他跪下，厉声说道："汝服侍皇帝起居，闻汝行事多不律，今赐汝死。"太皇太后话音刚落，"侍卫女官闻旨，即掣剑欲斩王振"（《于少保萃忠全传》）。

王振还没反应过来怎么回事，脖子上就架了几把冷冰冰的刀剑，顿时吓得魂不附体，趴在地上直喊太皇太后饶命，浑身哆嗦。英宗和五位大臣也着实惊了一下，急忙跪在地上请求太皇太后免王振一死。

见此情形，太皇太后便也作罢，只训斥王振说："今皇帝年幼，未能周知事务，若留渠用事，日后必误家国矣。我今暂听依皇帝暨先生之言赦振，自后不得与渠干国家大事。"（《于少保萃忠全传》）此段话虽简短，却极具震慑力，是说新帝年幼，此等宦官自古以来就容易祸害国家。今天看在皇帝和大臣们的情面上，就姑且饶王振一命。但此后，不许他干预国政，如有违犯，定斩不饶！王振听罢，急忙连声称是，不断地磕头谢恩，连滚带爬地退出偏殿。

受此教训的王振不敢轻举妄动，在太皇太后的监督下，王振不敢再兴风作浪，安分老实地当了七年司礼太监。

如果太皇太后和五位顾命大臣能长生不老，那么，王振是绝无翻身之日的。但是，既没有长生不老的传说，也没有返老还童的奇迹，历史的车轮依然在前进，生老病死的自然现象无人能阻止。

正统七年（1442年）十月，历经四朝的太皇太后张氏病逝，大明王朝失去了对王振最有控制能力的人，王振夺权道路上的最大障碍被自然规律消除了，王振步入了专政夺权的辉煌时期。

此时，"三杨"中的杨荣在正统五年（1440年）早已病死，杨士奇因为儿子杀人案而引咎辞职，只有杨溥还在朝。但杨溥也年老多病，权谋之术远不如杨荣和杨士奇，而杨荣引入内阁的几位大学士资历尚浅，在朝中没有太大威望，于是，王振擅权的一切条件都成熟了。深受英宗朱祁镇宠信的王振，轻而易举地就独揽了大明王朝的政权。

小弟弟被激怒了

一个小人物，突然摇身一变，成为权倾一时的太监，王振越发自大。一个读书人走上人人鄙视的宦官之路，代价是道德沦丧，就相当于走上不能回头的邪路。掌握大权后，王振非但不知悔改，反而越陷越深。

在中央朝廷，王振大肆收取贿赂，公然结党营私，置国家法令于不顾；在地方村庄，他则广侵良田，随意破坏他人的家庭，弄得人怨沸腾。英宗年幼无知，只听王振的话，不知道内忧外患，完全被蒙在鼓里。

在英宗朱祁镇的时代，北方的蒙古部落是明朝的一支强敌。那个时代的蒙古部落虽然屡遭明朝前几任皇帝大力打压，可瘦死的骆驼比马大，他们的发展潜力还在。经过几十年的发展，北方的蒙古部落迅速崛起，其中数也先部落最张狂。

蒙古部落威慑于明朝的威势，向朱祁镇称臣，每年都向明朝纳贡。"不论在不同部落之间，或是在明朝和蒙古之间，经常发生的对立和内部动乱中存在着明显的经济因素，即不断地寻求和保有水源和牧地，以及希望在贸易时得到庇护。"（费正清《剑桥中国史·明史》）这就是说，如果蒙古人与汉人的经济交往受到阻碍，大多数情况会发生动乱，甚至是战争。贪得无厌的王振之所以深受世人唾弃，就是因为他挑起了明朝和蒙古的战争。

掌权之初，王振的胃口不大，对蒙古也先部落的敲诈很轻。也先属于瓦剌的一个分支，瓦剌是瓦剌地区的最大势力，对明朝边境的威胁很大。镇守大同边境的郭敬是王振的党羽，王振利用这个关系，每年都收取也先部落不少的好处。

蒙古人善于骑马射箭，可是造箭的技术却不高明。为了讨好也先部落，在王振的授意下，边关守将郭敬每年都私下大肆造箭，送给也先部落。不仅如此，为方便蒙古人和汉人的边境贸易，王振竟然私自简化关系国家安全的边防。这样一来二去，王振与也先部落的关系越来越近，交往越来越深，双方都按惯例行事。

如果照此发展，明朝与蒙古的关系会很好。然而，就在正统十四年（1449年），王振的行为大出也先的预料，可以说是王振狠狠地捅了也先一刀。按照惯例，也先部落每次前来朝贡，为了体现天朝上国的神威和富裕，明朝都要回赠价值更高的物品。明朝回赠的物品都是蒙古人极其想要而地区却非常稀缺的。为了最大限度地获取中原的财富，每次朝贡，蒙古的使团都尽量扩大人数。

按照明朝规定，蒙古使团来朝，使者不能超过50人。这么规定，首先是为了中央朝廷的安全，其次是尽量收缩回赠的开支。可是，皇帝都是爱面子的。一旦涉及面子问题，他们就忘了撑面子的代价。正统元年（1436年），皇帝见蒙古使者大批来朝，心里非常高兴，忘了人数限制。发展到后来，为了讨好英宗皇帝，更为了个人私利，王振竟然唆使蒙古人多派使者前来朝拜。

正统十四年（1449年），瓦剌派出2500多人前来朝贡。为了多领回赠，瓦剌虚报使团有3000人。自从与王振交往，瓦剌多报使团人数已成惯例。骗取明朝的回赠后，瓦剌会分一部分给王振。因此，对于这些事，王振总是睁一只眼，闭一只眼。

使团人数上报之后，瓦剌人整天乐悠悠地闲逛首都，一闲下来就计算回赠物品。明朝官僚机构的办事效率很高，没过几天就将回赠发放到瓦剌使团手里。瓦剌人不看不知道，一看就吓了一大跳，顿时眼珠不会动了，张大的嘴合不上来，一颗心差一点儿就从口里跳了出来。

原来，明朝按照实到人数发放回赠。也就是说，瓦剌使团接到的回赠比预想的少了近500份。而这500份回赠加起来，大约够瓦剌部落一个冬季的生活。现实同预想的差距太大了，瓦剌使团接受不了。更令瓦剌使团生气的是，明朝竟然单方面削减了贡马价格的五分之四。明朝这一举动严重违背了经济交易中公正和平等的原则。瓦剌使团觉得自己不仅在经济上遭到剥削，更在政治上受到压迫，在精神上受到轻视。

马匹对增进明朝军队的战斗力很重要。"最重要的战略需要是为庞大的常备军取得充分供应的马匹。明朝本身产马很少，而且马的品种不佳。"（费正清《剑桥中国史·明史》）自从与蒙古发展边境马市以来，蒙古人的马匹是明朝军队的最大供给源。王振目光短浅，看不到马市对军队的作用，朝中其他大臣是知道的，也先部落也知道。

此次朝贡大大失利，蒙古使团大怒而回。使团满载而去，却空手而归，蒙古首领见了，差点气炸了肺。不仅如此，朝贡使团还捏造许多明朝轻视蒙古首领的谎言，称明朝官员总是出言侮辱。蒙古人十分看重身份，听说被明朝公然侮辱，蒙古首领不等辨明真伪，就下令征讨明朝。

也先部落是瓦剌中发展速度最快、最有血气、战斗力最强的一支部队。这支后起的部落，就像一个小太阳，仗势勇猛，十分张狂。他们认为，如果没有蒙古人的马匹参战，明朝就组织不起一支作战能力强悍的骑兵。如果明朝只有步兵出战，一定不能抵抗兼具速度和力量优势的蒙古骑兵。

依仗擅长骑马射箭的优势，也先率军兵分四路，大举南下。瓦剌兵分四路，只为分散明军的力量，他们的真实目的是攻取北京城。此次出战，也先亲征，可见瓦剌对明朝单方削减马价和缩减回赠的痛恨。

一场战争的爆发，都是因为王振这个太监的贪婪。

二十万人集体大出游

在炎热将消的七月，也先部队大举南下。明军毫无防备，也先军如入无人之境，大肆抢夺。也先军有三位主要将领，分别是脱脱不花、知院阿剌和也先。脱脱不花率领兀良哈精锐骑兵，从辽东南下；知院阿剌带领一部分也先骑兵，大举围困宣府。脱脱不花和知院阿剌等人都是为也先打侧击的，也先的真正目的是北京城。

其他各路将领死死拖住明军，使得也先能够迅速突破明朝的重重防守，直攻大同。大同守将郭敬是无能之辈，甘当王振的走狗、贪赃枉法。更为严重的是，明朝边疆将士毫无忧患意识，平日只管享乐，没有操练。训练有素的也先部队攻打没有操练且军备废弛的明军，结果自然是势如破竹，一路上凯歌高奏。

边关将领屡战屡败，求救文书如寒冬的雪片纷纷飞落京城。英宗看到求救文书后，召见的第一个共商对策的人不是武将，也不是文官，而是大太监王振。兵部尚书邝埜和侍郎于谦都是有谋略、有见识的人，英宗抛弃有用的人，转向无用的人咨询，真是自己挖坑自己跳。

王振根本不懂军事,更不知道蒙古强悍、明朝虚弱的局势。他对英宗说,既然蒙古也先亲自出征,明朝的皇帝也应该亲征。只要英宗皇帝亲征,一定能鼓舞大明士气。如此一来,一个明朝军士能抵挡几个蒙古骑兵,胜利便唾手可得。英宗听了后非常高兴,自认为他可以仿效宋真宗亲征,凯旋,名留青史。

当时的兵部尚书邝埜和侍郎于谦也认为蒙古来势凶猛,再加上蒙古骑兵骁勇善战,最好不要同敌人开展正面战争。可惜,忠言逆耳,英宗朱祁镇被王振的甜言蜜语蒙蔽了,完全沉浸在梦幻的胜利里,听不进一句洞悉时局的话。

为了虚名,英宗能够抛弃一切,甚至是他的生命。他的生活世界很小,目光十分短浅,只有个人利益,不懂得国家大事。自继位起,英宗就没有做出一个真正有利于国家的决定。面对蒙古骑兵的猖狂,他仍然意气用事,不顾国家安危。

尽管反对皇帝亲征的呼声很激烈,朱祁镇仍旧充耳不闻,以无比坚定的雄心下令亲征。综观当时明朝的局势,费正清认为英宗决定亲征有诸多理由:"年仅22岁的皇帝在王振的鼓动下要亲自率军与也先的部队交战。也许是西南的胜利和在福建镇压叛乱者的成功的捷报的结果,皇帝本人及其顾问们同样都过高估计了军队的力量。也许是皇帝受到了在幼时与其卫兵玩军事演习游戏的鼓励,相信自己能够在战地指挥一支军队。也许是其声誉因南方诸战役而提高了的王振认为明军是所向无敌的。"(费正清《剑桥中国史·明史》)

八月份,英宗亲率大军,浩浩荡荡地向北进发。由于这支军队是仓促组建的，再加上能力突出、作战勇猛的将领大多被太监王振排挤在外，而最无能的王振却被任命为最高统帅，致使这支军队没有中心凝聚力。更加糟糕的是，这支人数高达20万（另一种说法认为有50万）的军队由于出征前准备不足，行军过程中又缺乏明智的领导，致使供应不足，虐待士兵的情况频发。

除太监王振外，陪同英宗亲征的人员还有英国公张辅、户部尚书王佐、兵部尚书邝埜和内阁大学士曹鼐和张益等100多名文武官员。这些随行人员对皇帝都很忠心，如果英宗发生任何意外，他们会舍命相助。在皇帝亲征期间，全国政务由他的异母兄弟朱祁钰代理，史称摄政。

与追随皇帝亲征的人不同，留下辅助朱祁钰的人因为英宗听信王振的谗言而对皇帝失望。他们之所以选择留下，目的之一就是寻求明主，这类朝臣以名人于谦为代表。与英宗相比，朱祁钰更能听进不同的意见，因而深受于谦等人的拥戴。从当时的情况分析，自从英宗听信王振的谗言选择亲征，明朝内部就已经分裂为两派了。从长远分析，英宗亲征也先一事也导致明朝陷入内有分裂之忧、外引强敌压境的境地。

从组建之初，这支亲征大军就是一支畸形的军队，甚至是一群充满矛盾、彼此敌对的乌合之众。大军如一盘散沙，根本不像前去征讨也先的部队，而像一群到北方游览的小孩子。因为种种内外矛盾，这决定了大军踏上征程的第一步就等于踏上败亡之路。他们走得越远，越是接近也先部队，就越接近败亡的命运。

这回真的无路可逃了

也先部队已经撤走了。王振和英宗都认为，也先部队撤走，只有一个原因，害怕亲征的英宗皇帝。在王振的甜言蛊惑下，英宗越发自高自大，感觉他此次出征未费一兵一卒就吓跑了也先部队，功劳已经超越真宗。

大军一路北上，没有见到一个抵抗的也先士兵，王振和英宗整天笑个不停，邝埜等人却心怀深忧。他们认为，也先出军时气势汹汹，连克数城，大有不成功就不回头的气势。可是，听说英宗亲征，两军还没有正面交锋，也先部队就撤了。如果要解释这种情况，除了也先打算诱敌深入外，不能有其他解释。

冒着被再次惩罚的危险，邝埜再次奏请英宗回军。然而，英宗被虚假的胜利冲昏了头脑，只听得进王振拍马奉承的甜言蜜语，对邝埜的提议充耳不闻。大军仍旧北上，同样没有遇到一个也先士兵的抵抗。这个时候，大同守将郭敬也看出了也先的计谋。联系明军前几仗遭到的惨败，郭敬认为也先一定在诱敌深入。如果明军继续前进，一定会中也先的埋伏。

听了同党郭敬的分析后，王振的脑子终于开窍了，全身冷汗直冒，马上下令撤军。在该从哪条路撤军这个问题上，王振又动了一点小小的心机。王振家住蔚州，如果从紫荆关（今河北易县西北）撤退，皇帝就会经过他的家乡。英宗很宠爱王振，如果经过蔚州，一定会驾幸王振的府邸。如果皇帝驾幸，王振的家不仅蓬荜生辉，更重要的是他能在父老乡亲面前炫耀一番。

明军刚刚撤军，也先部队就紧追而来。原来，也先探子发现，明军驻扎过的营地车辙混乱，脚印错杂。也先知道后，发现明军不仅害怕蒙古骑兵，甚至知道明军内部没有善于谋略的大将。由于明军仓促南撤，组织很乱，再加上粮草短缺，又担心也先的追截，一路上又损失了不少人马。明军这次撤军，可以说是有史以来最狼狈的撤军。

大军撤了40多天后，王振突然发现一个严重的问题，那就是他的庄稼的收成。掌权后的王振大肆搜刮钱财，一部分用于投资土地。在蔚州，王振利用各种手段，软硬兼施，强行买下了一大片土地。这一大片土地都种有庄稼，时间又正逢庄稼成熟。如果这支粮草紧缺的大军遇上一大片成熟了的庄稼，尽管王振的淫威很骇人，他还是不能阻止军队对庄稼的糟蹋，遭殃的一定是他的庄稼。

为了保全他的庄稼，王振又做了一个十分不利于明军的决定，改道东行，向宣府（今河北宣化）直奔。后面是也先的追兵，如果改道直奔宣府就绕路了，势必被也先部队追上。大同参将郭登和内阁大学士曹鼐听了王振的命令后，十分不解，联名上书。他们写道："自此趋紫荆关，只有四十里，大人应该从紫荆关回京，不应该再取道宣府，以免被瓦剌大军追及。"（《明史》）可惜，这个提议最终被王振否决了。

也先部队越追越近，眼见就要追上明军了。为了皇帝的安全，王振派了两拨人马拦阻也先军队。第一拨以恭顺伯吴克忠和都督吴克勤为首，他们兵微将寡，只能以死相抵；第二拨以成国公朱勇为首，朱勇有勇无谋，孤军深入，深陷瓦剌重围，3万大军全军覆没。

杀了两拨拦阻的明军，也先部队的士气十分高涨，如潮水般向明军大部队席卷而来。还是为了个人私利，王振再次做了一个有损明军的决定。听说也先大军追来，众人都是轻装速进，辎重在后缓缓跟进。到达距离怀来城仅20余里的土木堡后，王振突然下令安营扎寨。原因很简单，王振一路上对沿途官吏大肆搜刮，敲诈了不少财物。这些财物都放在后面的辎重军车里，一共有1000余辆。如果也先部队追上这些辎重，王振就白辛苦了。

也先部队片刻就追到了，尽管众人都知道在土木堡停留不明智，但是英宗只听王振一人的话，谁都无法改变王振的决定。为了皇帝的安全，邝埜再次奏请英宗先行驰入居庸关，接着布置精锐部队断后。王振听了邝埜这个建议后，就像没听到一样，不给回复。迫于无奈，邝埜大胆闯入英宗的行殿，奏请英宗火速先行驰入居庸关暂避。王振知道后，勃然大怒，大骂邝埜。王振的意思是，邝埜是竖儒一个，不知道用兵之事。如果邝埜再胡言乱语，当心人头落地。但邝埜不怕死，王振就没有其他办法，只能命令军士将邝埜拖出英宗的行殿。

第二天，土木堡的明军醒来，发觉四周都是也先的部队。围攻的敌人一重又一重，即使是长了翅膀也飞不出去。深陷重围的英宗满目凄然，向山下扫视一圈后，目光最后落在王振身上就不动了。

王振的胆子比英宗的还小，看着满山遍野的敌人，他连自己姓什么都忘了。

土木堡是一个小山丘，没有泉水，也没有河流流过。在它的南面十五里处有一条小河，但被也先部队牢牢控制住，明军根本无法接近。就在这个没有水源的小山丘上，数十万明军被围困了两天。两天滴水未进，明军将士渴得嗓子都冒烟了。为了寻找水源，数十万人在小山坡上乱挖，可挖了两丈多深都没有见一滴水。

众兵将饥渴难忍，满腹怨言，骂声不绝。也先看着土木堡上的明军，就像看到热锅上的蚂蚁，笑得嘴都合不拢了。明军被困土木堡，叫天天不应，叫地地不灵，失败是必然的命运。如果王振有谋略，他可以带领数十万明军冲出重围，可惜他什么都不懂，也不会任用懂谋略的人，这是他最大的失败。因为他的失败，数十万明军就被困在土木堡上，无路可逃。

北京！北京！

几天以后，因为缺乏水源，土木堡上的明军就像蔫了的白菜，腰都直不起来了。看着这支蔫头耷脑的军队，也先知道成功的时机到了。首先派出使者，要求和谈。也先要主动和谈，王振和英宗喜出望外，命曹鼐起草诏书，命代表前去也先的军营商议和谈事宜。

明军代表刚刚进入也先大营，驻守在水源附近的也先军队就撤军了。极度干渴的明军见敌军撤离，万分高兴，不顾军令，纷纷奔向水源。这些人的行为都是本能，毫无秩序，远远看去不仅混乱，还很狼狈。

突然，一声炮响，水源附近竟然冒出无数手持利刃的也先士兵。明军只顾喝水，武器都没拿在手上。有组织、有纪律、有准备的也先军队攻打混乱不堪、饥渴万分的明军，自然胜得容易。趁此大乱，也先军大举攻向土木堡，犹如狂风卷落叶，攻势凌厉。明军毫无准备，伤亡十分惨重。

在也先军队的大举冲击之下，英宗和朝臣失散了。看着如山倒的败兵，英宗竟然发起小孩子脾气，他一不逃跑，二不抵抗，三不假扮小兵，而是呆呆地坐着。也先兵杀人杀红了眼，见到明军，先抢值钱的东西，抢后就一刀解决对方的性命。有一个也先小卒见英宗穿着华丽，向其厉声索要衣服。英宗神威凛凛，拒不脱衣。对方大怒，举刀就要砍下去。这时，这个小卒的哥哥见英宗气宇非凡，认为他是大人物，不能轻易杀害。

这两个也先小卒带英宗去见也先的弟弟赛刊王。赛刊王还没开口，英宗先问："子其也先乎？其伯颜帖木儿乎？赛刊王乎？大同王乎？"（《明史纪事本末》）英宗的口气太大了，举止又不同常人，赛刊王被吓了一跳，火速飞报也先，说："部下获一人甚异，得非大明天子乎？"（《明史纪事本末》）

也先听说后，十分震惊，急忙找明朝使臣去辨认。两位明朝使臣确认，赛刊王所抓住的正是大明的皇帝英宗。英宗被俘，护卫将军樊忠万分愤怒，不管三七二十一，命亲随抓住王振，他抡起铁锤，对准王振的脑门，一下就结果了这个祸国殃民的大罪人的性命。

朱祁镇被俘，100多名随行官员几乎全部战死，全军覆没。消息传到北京，百官在朝堂上号啕大哭。为大局着想，皇太后含着眼泪任命朱祁钰监国。这就是说，如果英宗有什么三长两短，朱祁钰就是下一任皇帝。

朝臣认为，北征军全军覆没和英宗被俘，罪过全在王振一人。可是，王振的党羽马顺竟还死力辩护。群臣怒不可遏，揪出马顺，你一拳我一脚，将马顺活活打死。为平息民愤，朱祁钰下令，诛杀王振一党，枭首悬挂街头示众。

俘获英宗后，也先非常高兴。他认为，只要借助英宗，就可以开创像成吉思汗那样的功绩。"也先起先试图利用被俘的皇帝从明廷或边防戍军那里索取赎金，并且试图取得宣府或大同，从而取得控制边境的要塞。"（费正清《剑桥中国史·明史》）可是，当明朝和大同筹措了充足的赎金后，也先还是扣着英宗不放，因为他认为英宗是无价之宝。

随英宗朱祁镇一起被俘的有个人叫喜宁，为人朝三暮四。英宗失势后，喜宁马上倒向也先一边。凭借喜宁的谋划和英宗这个无价的筹码，也先准备大干一场。他答应放英宗回北京，条件是英宗同他联姻。被俘的英宗很机灵，答应联姻，条件是他回北京后办。如此一来，英宗采取拖延战术。

因同英宗谈不拢，也先就准备攻打北京。那时的北京已经陷入混乱，守城的军队不过10万人，谋略家兼老臣徐有贞认为，皇帝被俘，大同和宣府等边关要镇存亡未卜，北京已经危如累卵。为了明朝的未来，朱祁钰应该仿效宋朝，南迁首都。这位大星象家的预言更加扰乱了北京城的平静，不少官员和富商纷纷举家南迁。

凭着一身铮铮铁骨，侍郎于谦坚决反对迁都。兵部尚书邝埜战死土木堡，于谦就是北京城中最高的军事指挥。于谦的这个提议，赢得了很多热血男儿的附和，例如大学士陈循，吏部尚书王直，礼部尚书韩雍和李永昌等人。为了争取更多说话有分量的人的支持，于谦等人四处活动，最终孙太后也加入他们这一派。

决定留守北京后，于谦等人认为，如果要击败也先，只有最大限度地降低他手中的筹码——英宗的价值。如果明朝不承认英宗的皇帝身份，也先即使扣留英宗，也是徒然。再说，如果明朝有人主持大局,说不定也先认为英宗无用,就会放他回北京。孙太后知道应以国家为重,答应朱祁钰登基称帝,册封英宗两岁的长子为太子。

九月二十三日,朱祁钰在最简单的仪式下登基,史称景帝,第二年即为景泰元年(1450年)。为粉碎也先利用英宗辖制明朝的阴谋,新皇帝立刻颁布诏书,宣告英宗为了国家利益,自愿让位;同时,任何从蒙古地区发出的,以英宗为名义的诏令都不予理睬。如此一来,在明朝历史上,出现了两个皇帝共存的尴尬局面。在一次危机中,国家的政治和策略的需要在继位问题方面可以压倒礼仪顺序和礼节,但这在一定程度上打乱了王朝的稳定性和成为正统世系的权利。由于原来的皇帝仍在世,这个事实又使情况更为严重了。在皇室两兄弟之间久不消失并毒化了15世纪50年代中期的朝廷的皇位危机,其根源就是这个十分必要的决定。

新皇帝继位后,他所面对的最大困难就是解决北京的防卫问题。为了加强防卫能力,朝中有能力的官员都开始担任武将要职,例如兵部侍郎于谦被提升为尚书,可以调动任何文官。于谦从宣府调回近8万精兵守卫北京,同时动员北直隶、山东、山西、河南和辽东一带的精兵。不到一个月的时间,北京的防卫兵力迅速得以补充,达到22万人左右。

在于谦和朱祁钰的组织下,北京城的粮食、武器和兵力等都得到了及时的补充,"全城出现了高度同仇敌忾的情绪、信心和高昂的士气"(费正清《剑桥中国史·明史》)。眼见北京城越来越有生命力,也先再也不能等待了,他亲率大军袭击大同。为了迷惑守城军士,在也先的授意下,英宗被推到城门前。蒙古人告诉守城军士,除了重新扶持英宗登上皇位外，他们没有其他的目的。可是，英宗秘密告诉守城军士，不能听信。

攻打大同以失败告终。也先拨转马头，直取紫荆关。经过几天的浴血奋战，蒙古人终于破关，大军压境。也先再次告诉守城军士，他们的目的只是扶持英宗重新登上皇位。可是，守城军士不但不领情，还杀了也先派出的使者。这个时候，喜宁告诉也先，应该假装向明廷归还英宗，让新朝廷派遣要臣前来迎接，再将明朝要臣全部扣留。但新朝廷看破也先的诡计，只派两个低级官吏来迎接英宗。也先不放人，他的谎言不攻自破。

经过于谦的整改，北京城固若金汤。也先无法攻克，五天后撤军。喜宁告诉也先，应该侵占华北地区的一小片土地，打着英宗的旗号建立一个傀儡政权。事实证明，喜宁的任何提议都是不切实际的，因为经过改组的景泰朝廷有很强的战斗力。最让人哭笑不得的是，种种谋划被也先和残酷的事实否决后，喜宁竟然提议攻打南京，建立南方的明朝。

不久，也先的君主，蒙古的脱脱不花汗正式向景泰朝廷派遣纳贡使团，结束双方的敌对状态。景泰元年（1450年），也先派遣喜宁出使明朝。喜宁的倒戈和阴谋令明朝痛恨不已，他刚刚踏上明朝的土地，就被抓捕，问责死罪。

喜宁死后，也先缺乏谋臣，便不再打北京城的主意了。

皇室内部矛盾

在茫茫大漠中，有个人孤单地生活着。他人虽在大漠，一颗跳动的拳拳之心却对北京心向往之。在大漠的这些时间，他很少与人交谈，别人不知道他在想什么，只是发现他总是怔怔地朝着北京方向出神。这个人就是明朝的前任皇帝英宗。

也先的问题解决后，英宗的未来就成了明朝最大的痛苦。想当初，景泰不当皇帝，因为英宗还没有死。但是，现在的北京已经是他辛苦改组后的北京，他对自己的杰作产生了感情。登上皇位之后，景泰已经放不下权力了。自从击败也先后，他压根儿没想过英宗会回来，可是英宗确实回来了。

在景泰朝廷与蒙古的多次互派使臣的交往中，提到英宗朱祁镇的次数越来越少。起初，蒙古屡屡催促，建议明朝廷尽快接英宗回北京。出于保住权力的私心，也为了防备蒙古再次利用英宗偷袭北京，明朝廷将此事一拖再拖。到后来，礼部侍郎李实奉命出使蒙古，可是皇帝给他的书信中竟然没有一个字提及英宗。"李实发现这位从前的皇帝的生活条件很糟,并且甚至希望作为一个平民或皇陵的看护人回到明朝。"(费正清《剑桥中国史·明史》)可是,尽管英宗在给景泰的信中表达了对过往种种的深深悔恨,景泰皇帝还是没派遣使者接他回北京。

继李实之后,都御史杨善再次出使蒙古。杨善曾随英宗出征,只是他比较幸运,在土木堡一战中侥幸逃生。他对英宗的感情很深,不惜自掏腰包,为英宗赎身。当然了,景泰朝廷迟迟不为英宗赎身,蒙古人觉得英宗的身价已经大降,索要也很少。

面临分别,也先突然生出很多感情,为英宗安排了一次盛大的送别活动。为保护英宗的安全,也先甚至特意安排一支精锐部队,一直将英宗送到明朝的疆域之内。兄弟相逢,本是好事。可是,在英宗和景泰这两兄弟之间,横亘着一条权力的长河。尽管英宗早已承诺放弃一切,"景帝仍吝啬而又猜疑地对待被废黜的皇帝"(费正清《剑桥中国史·明史》)。最为突出的例子是,在颁布迎接英宗的命令和制定迎接的礼仪上,明朝内部发生了无数次争吵,连英宗的回程日期都耽搁了。

面对一再拖延的回程日期,英宗第一次感到被遗弃的痛苦。相比而言,在土木堡被俘的经历都要比被遗弃更好受。自从被俘,虽然他是也先的一个人质,但至少是一个有价值的人质。可是,他的兄弟,当今大明皇帝竟然将他当成一个棘手的麻烦,一个十分希望抛弃的包袱。

千等万等,英宗终于在九月十六日被接回朝。景泰皇帝亲自迎接,除了脸色不太好外,一切都算不错。由于不是皇帝了,英宗被安排在南宫的一所新建的房子里住。现在的皇宫,对英宗而言,已经大大地变了样，尽管景物依旧，可是人的感觉已经大大不同，这种感觉很怪，英宗从未体验过。见了几个侍婢和太监的表情和举止后，英宗终于发现，这仅仅是因为他英宗已经不再是皇帝了。

对常人而言，这种极大的失落感会催生无穷无尽的反抗之心。然而，英宗是一个曾遭遇重大变故的人，他对一切都看得很透。现在的景泰，将一切都狠狠地抓在手心，既然他那么喜欢权力，英宗就成全他。回来的第四天，英宗在太庙宣布，承认景泰为皇帝。

英宗一再忍让，景泰的打压不但不收敛，反而做得越发不近人情。首先，景泰不让英宗接见瓦剌的使者。他总认为，如果英宗接见瓦剌的使者，一定是在密谋推翻他的统治。其次，景泰不让英宗过生日。这个大违常情的规定，目的是想让英宗忘记自己。其实，对于一个皇帝而言，他放弃权力，就相当于忘记自己。可惜，景泰不懂。再次，景泰规定，英宗不能参加新年的庆典。景泰的种种规定，只有一个目的，将英宗排挤在皇宫之外，甚至排挤在生活的世界之外。在朝臣看来，这些规定都是不合情理的，因而景泰越来越不得人心。最为突出的是，自英宗回北京起，礼部尚书就多次公开为英宗鸣不平。

景泰是在危机之中继位的，这决定了他当皇帝只是暂时性的。英宗的长子朱见深是公认的太子，即景泰不能将皇位传给他的儿子。可是，自从坐稳皇位后，景泰日日夜夜都想皇位能沿着他的血脉传下去，从二世到三世，一直到千秋万世。景泰三年（1452年）五月二十日，景泰做了一个引发群体愤怒的错误决定，他不顾大学士们和许多高官的反对，公然册封他的儿子朱见济为太子，立朱见济的母亲为皇后。

明英宗朱祁镇

更立太子的行为冒天下之大不韪，原本对景泰忠心耿耿的很多大臣都为英宗以及英宗的儿子朱见深鸣不平。事实证明，景泰的这次倒行逆施得不偿失。一年多后，新太子不幸夭折，新皇后也在景泰七年（1456年）去世。新太子和新皇后相继去世，很多迷信的大臣开始以此为话柄，谈论景泰当皇帝的合法性问题。

紧接着，景泰又做了一件使群臣心寒的惨事。新太子去世后，不少大臣纷纷上书，劝说景泰另立太子。他们的言外之意是，当皇帝是天命注定的，只有英宗的儿子朱见深有这个命。刚刚遭遇丧子之痛的景泰听了这话后，就像听到这些人诅咒他的儿子死绝一样，勃然大怒，将这些大臣都打入大牢，残酷对待，好几个竟被活活打死。

事情发展到这个地步，景泰排挤英宗父子的心已经昭然若揭。那些被景泰排挤的官员，纷纷倒向英宗。他们认为，经过共同的奋斗，英宗还是能够继续当皇帝的。就算英宗不当皇帝，英宗的孩子朱见深早晚也会当上皇帝。只要英宗父子中的一个得势，他们的前途就是光明的。在这群人当中，数石亨最有野心，最有心计。石亨府上养了一群仗势欺人、专门贪污行贿的小人。自诩"两袖清风"的于谦见石亨一党如此猖狂，接连打击了几次。可是，石亨一党的行为属于集体犯罪，如果不连窝端，无法从根本上杜绝。

为了打击景泰的宠臣于谦，石亨聚集了一群专干违法勾当的奸人。京师卫戍部队的都督张轨是石亨的助手，同石亨一样，也是一个贪得无厌的人。野心勃勃的徐有贞不甘居于于谦之后，痛恨景泰对他的冷落，整天都祈求朝廷发生大变动，好趁机攀升。都御史杨善怀有同徐有贞一样的心情，因为景泰没有嘉奖他接英宗回京的功劳，一想到接英宗回京的一切花销，杨善就后悔得要命。在这群人当中，还有一个把王振奉为楷模的宦官将军，名叫曹吉祥。曹吉祥没有其他志向，只想继承大罪人王振的事业，并力求将它发扬光大。

关于这个畸形的联盟，费正清的论述非常独到："密谋者的动机不是崇高的理想，也不是对皇帝行为的道德上的不安。"（费正清《剑桥中国史·明史》）这些人之所以叛变，完完全全是因为受到利益的引诱；他们结合在一起，也完完全全是受到利益的连接。因此，这是一个唯利是图、腐败的小集团。

他们时刻准备着，终于在景泰八年（1457年）正月等来了千载难逢的机会。景泰染上重病，不仅不能上朝，甚至连新年庆典都无法参加。尽管景泰病重的消息被严密封锁，石亨还是知道了。趁皇帝病重的大好时机，石亨、张轨、曹吉祥、徐有贞和杨善等人集结大约400名禁卫军，急急忙忙地冲入英宗居住的南宫。他们推推搡搡，英宗还没明白过来发生了什么事，就已经被拥上帝辇了。

英宗被抬入皇宫后，石亨等人立即召集朝中大臣，宣布英宗复位。等到朝臣明白发生了什么事后，英宗已经安安稳稳地坐在龙椅上了。石亨等人发动这次政变，在进入南宫门时，他们不是从门而入，而是破墙为门，硬闯而入，史称"夺门之变"。

一个投机主义者的末日

英宗复辟成功后,开始论功行赏。天顺元年(1457年)正月,徐有贞被授为兵部尚书,后又封武功伯,兼华盖殿大学士(宰相),掌文渊阁事,赐号奉天翊卫推诚宣力守正文臣,锦衣卫指挥使。这个投机分子终于走到了人生辉煌的顶点。

而一直反对复辟的"救时宰相"于谦地位则是摇摇欲坠,于是,徐有贞趁机屡进谗言,以迅雷不及掩耳之势将于谦、王文等下狱,还唆使百官上奏,说于谦一直想拥立襄王世子即位以大权独揽,妄图左右明朝政局。这话刺到了皇帝的要害。确实,在土木堡之变中,于谦挽救了大明王朝的命运,是个大大的功臣。但是,徐有贞心里明白,在明英宗的心中,有一块心病,一旦触碰,必将置于谦于死地——"不杀于谦,此事无名"。

于谦从未对复辟表示过赞同。那么,以于谦在朝廷里的势力和威望,对大臣舆论的控制力,我这个皇帝,能让文武百官信服吗?于是,明英宗下定决心,将于谦下狱。徐有贞趁机落井下石,又将一顶谋反的帽子扣在了于谦头上。说于谦谋反,毕竟查无实据。但是,没关系,徐有贞已经将中国传统的欲加之罪、何患无辞发展到了出神入化的地步:"虽无显迹,意有之。"就是说,虽然没有明显证据证明他谋反,但是他一直想这么做。比起他的前辈秦桧陷害岳飞时那句"莫须有"真是有过之而无不及。正是这"意欲"二字,害死了一代忠良,也成就了徐有贞的一世骂名。

英雄冤死狱中,小人大权独揽。于谦死后,扬扬得意的徐有贞原形毕露,处处摆出一副小人得志的傲慢样子,每次起草诏书,都要经人再三催促才到;对原来景泰朝留下的官员,则是大肆罢黜。对当年一起谋划南宫复辟的同事石亨和曹吉祥,更是处处看不顺眼,天天在皇帝面前说他们的坏话。而石亨和曹吉祥也不示弱。一对二的战争正式拉开帷幕。

战斗一:徐有贞不断与英宗密谈,说石亨和曹吉祥的坏话。结果:徐有贞胜。

战斗二:徐有贞支持监察御史揭发石亨和曹吉祥侵占民田。结果:徐有贞胜。

战斗三:曹吉祥便令小太监窃听皇帝和徐有贞的谈话,然后再透露给皇帝,制造徐有贞私自散布与皇帝密谈内容的消息,让英宗认为徐有贞不可靠。结果:徐有贞被降为广东参政。

战斗四:石亨令人写匿名信,对英宗大肆指斥然后诬陷此事与徐有贞有关。结果:徐有贞侥幸逃脱。

战斗五:石亨利用徐有贞文章中一句"攒禹成功"的话,说他自比大禹,且还选择武功这曾经的封地给自己,足以证明他有谋反之心。结果:皇帝答应,杀掉徐有贞。

然而,徐有贞一生投机,运气实在不差。就在刽子手磨刀霍霍之时,京城忽降雷雨,很多建筑被破坏,石亨家也遭了水灾,杀人不吉利,徐有贞捡回一条命,被发配至云南。之后不到一年,石亨败落被斩首,徐有贞回乡闲居。他一心盼望能够再得重用,于是拾起了观察天象的老本行,常挥动铁鞭起舞,等待佳音的到来,却终于一再以失望告终,苟且偷生十余年后病逝。

徐有贞混迹官场十六年,始终庸庸碌碌,建树甚少。在一步步的投机中走向人生的顶点,又在一次次的投机中走向万劫不复。

李贤的潜伏大戏

就在徐有贞登上政治生涯的顶点，俯瞰群雄、沾沾自喜的时候，他未曾想到，有一个人已经悄悄地潜伏到他的背后，伺机在他的后背上猛然一击。而这一击，必将把他推入万劫不复的深渊。

故事还得从明英宗刚刚复位的时候说起。那是天顺元年（1457年），徐有贞组阁。他安排了自己的亲信许彬等人进入内阁，完全控制了内阁和朝政大权。此时的内阁加上徐有贞共有四人，三比一的实力对比，徐有贞仍不满意。经过再三斟酌，他选择了这个外表老实本分的李贤，试图将他拉拢到自己旗下，把他培育成自己手中的木偶，俯首听命。

从徐有贞的角度来看，他的眼光的确敏锐。李贤，字厚德，河南邓州人。宣德八年（1433年）进士，一直在吏部任职，历任主事、郎中、侍郎。二十余年来，他兢兢业业，恪守本分，交友广泛，大家都喜欢他。如果没有徐有贞的挑唆，他的结局可能就是在吏部三四十年之后不声不响地光荣退休。而在徐有贞的操纵下，李贤马上升为翰林学士，入内阁，不久被任命为吏部尚书。这一职位可非同小可，它意味着，从此大明王朝选拔官员的大权就在李贤手中了。李贤理所应当对徐有贞感激涕零，俯首听命，甚至将他的画像贴在墙上每天回家参拜都是极有可能的事情。

历史如开玩笑般将一个维护正义的使命压在了李贤的肩上。其实，他的斗争目标很简单，往小了说，就是杀掉这些害死于谦的小人，为于谦讨回公道；往大了说，就是除去大明王朝的禄蠹，为政治的清明和社会的发展做贡献等。

其实，李贤任吏部侍郎时，与于谦并未有什么往来，甚至在政治上还曾有过分歧。这或许是徐有贞信任他的原因。但是，徐有贞不知道，于谦清正廉洁的作风、指挥京城保卫战时泰然自若的风度、刚直不阿坚守原则的立场、为国为民死而后已的勇气，早已深深刻在了李贤的心底。而徐有贞呢？他猥琐投机、落井下石、贪财怕死的作为，也被李贤一桩桩看在眼里。李贤仿佛看到了于谦临死时那坚毅的眼神，听到了那无奈的叹息。于谦，我发誓为你讨回公道！

就当时朝廷的形势来说，李贤的处境十分凶险。经过分析，李贤敲定了他的基本斗争策略：潜伏。他不声不响，默默等待着时机的出现。因为他知道，现在时机尚未成熟，要战胜奸邪的敌人，只能比奸邪更有谋略。而现在最好的谋略，就是等待。当年害死于谦的，不只有徐有贞，曹吉祥、石亨都是同谋。而他们现在，均把持了朝廷上最重要的位置，稍有不慎，全盘皆输。但是，不把他们除掉，于谦冤案得不到昭雪，大明王朝将永远黑暗下去！想要成功，现在，只能忍、忍、忍，直到时机真正出现。

为了这份信念，李贤走出了斗争的第一步——自己不能孤军奋战，要拉拢每一个可以帮忙的人！于是，他在官场上的交际更加灵活。对待徐有贞，他毕恭毕敬，唯唯诺诺；对石亨等人，也保持了较密切的来往，甚至让他们感到，李贤其实也是自己人。但是，除掉徐有贞，谈何容易。经过长时间的观察和积累，直到有一天，李贤发现，机会真的来了。而他的第一步，却是利用徐有贞的势力，打击宦官集团。

天顺元年（1457年）五月的一天，在朝堂上，皇帝朱祁镇突然拿出都察院御史的奏折，当众宣读。奏折痛斥曹吉祥、石亨等人贪污受贿，排除异己，应该马上予以处罚。这当头一棒让曹吉祥来不及有丝毫反应，呆若木鸡，一句话都说不出来。而此时的皇帝意味深长地看了徐有贞一眼，这一眼，在场的每个人都印在了心里。这其实等于将曹吉祥集团与徐有贞的矛盾公开化了。虽然上奏折的是都察院御史，但曹吉祥已经认定，这件事情背后的主谋，就是徐有贞。他没有想到的是，这件事情，其实还有一个真正的全盘策划者：李贤。这一天的上疏，只是游戏的序曲而已。

没过多久，李贤便再次出手，策划了第二轮的攻击。这一次的行动，和上一次的步骤基本相同，仍然是徐有贞找李贤上疏，搜集了大量石亨、曹吉祥不法的证据，然后一起策划上疏弹劾，再具体安排行动步骤。这次，他们找到的上疏人，叫张鹏。

李贤对筹划的积极参与让徐有贞倍感欣慰，更加坚定了对李贤的信任，但是，他不知道，这一次的弹劾，其实已经不是李贤将自己送上断头台的第一颗棋子了。

张鹏的上疏时间是精心安排的。这一天，石亨恰巧出征在外，是对曹吉祥、石亨分别击破的大好时机。但是，石亨和曹吉祥有着自己拿手的、相当传统的看家本领——布置眼线。就在张鹏上书的前一天，石亨已经连夜赶回北京，找曹吉祥商量对策了。曹吉祥听完石亨的陈述，嘿嘿一笑，告诉石亨，明日咱们一起进宫，必保平安无事。

第二天，石亨和曹吉祥相约进宫，一见皇帝，便放声大哭，边哭边悲痛地述说御史张鹏是怎么受人指使，想置他们二人于死地，实在没有办法，请皇上做主，等等。朱祁镇一听，顿时松了一口气，毕竟对于大臣之间的矛盾，睁只眼闭只眼也就罢了，于是便若无其事地该干吗干吗了。这时，石亨冷不防放出了对徐有贞致命的一箭："御史安敢尔！"明英宗头脑一震，石亨的看似无心之语击中了明英宗的死穴。专权，就是专权！现在的徐有贞，实力未免太过头了。他霎时想起了徐有贞的大权独揽，他的不可一世。徐有贞，你的死期到了！

不久，皇帝便下令关押了张鹏和之前曾经上疏的杨瑄，加上石亨不断煽风点火，终于，李贤和徐有贞一起下狱。只因当时天有异象，杀人不吉，才救了徐有贞一命，改为流放；而李贤，则在吏部尚书王翱的大力游说下，留在了京城，不久复职。

这就是结局，李贤对同僚的刻意拉拢，终于发挥了作用。

现在他终于除掉了徐有贞，下面该轮到另外两个人了。

这两个人的智商与徐有贞相比，有着天差地别。徐有贞已倒台，那么石亨和曹吉祥就万万不是自己的对手了，不用李贤给他们制造罪证，他们的飞扬跋扈，皇帝早就已经看不顺眼了。再加上李贤的推波助澜，石、曹想不死都难。终于，李贤将他们一步步推向了悬崖的边缘。

先是天顺四年（1460年），在李贤的精心策划下，石亨入狱，一个月后惨死狱中。曹吉祥发现苗头不对，马上做出了最愚蠢的决定——发兵谋反。他和养子曹钦攻打皇宫，还劫持击伤了李贤，但不到两个时辰就被英宗俘获，凌迟处死。

事情发展至此，李贤终于松了一口气。潜伏多年的愿望终于达成了。在这十几年里，他隐忍偷生，甚至不惜屈身于徐有贞这样的跳梁小丑之下，就是为了等到这一天的来临。于谦，你终于可以瞑目了！虽然我并不曾和你深交，但是，你要知道，你的所作所为，不只感动了我，也早已感动了天地！

天顺八年（1464年），明英宗病重。临死时，英宗将托孤重任委托给李贤。成化二年（1466年），李贤病逝，晋封为光禄大夫，左柱国太师，谥号文达。李贤的一生，廉洁奉公，政绩卓著。"自三杨以来，得君无如贤者。"（《明史》）这正是对辅佐帝王倾心竭力，为了正义隐忍多年的一代名臣的最好注解。

第二章
成化，一个哭笑不得的时代

我爱你，就像老鼠爱大米

天顺八年（1464年）正月，明英宗朱祁镇病逝，太子朱见深继位，是为明宪宗。随着朱见深的即位，中国历史上一场最离奇的恋爱也正式走上了舞台。

朱见深的童年生活，用"水深火热"来形容，真是一点儿都不为过。他出生于正统十二年（1447年），一生下来，就理所应当地过着锦衣玉食的富贵生活。如果没有那件事情的发生，朱见深应该是一个很幸福的孩子。

正统十四年（1449年），发生了土木堡之变。朱见深的幸福生活正式宣告结束。父亲朱祁镇带兵亲征，沦为瓦剌军的俘虏。国不可一日无君，经朝廷商议，由朱祁镇的弟弟朱祁钰顶替他哥哥的位置，待到朱祁镇还朝，再将皇位归还。为了遏制朱祁钰的野心，老谋深算的孙太后还联合群臣，力荐年仅两岁的朱见深为皇太子，以此作为支持朱祁钰登基的交换条件。

朱见深做了皇太子，但他的地位并不稳固，而且充满凶险。朱祁钰的眼睛时时刻刻在盯着他，恨不得将他斩草除根。为了保护年幼的小孙子，孙太后将一个叫万贞儿的宫女派到了朱见深身边。这个万贞儿，聪明乖巧，惹人喜欢，从小跟随孙太后的身边，颇通书画文墨，是孙太后的心腹。

让万贞儿承担照顾和保护这位小皇子的职责，孙太后终于放心了。但是，孙太后当时万万没有想到，就是这个并不起眼的宫女，有朝一日将成为历史上赫赫有名的万贵妃，把大明宫廷搅得天翻地覆。而此时，一切才刚刚开始。

那一年，万贞儿十九岁，朱见深两岁。

年幼的朱见深自然不知道外面的世界已经天翻地覆，他只知道每日在宫廷里游荡玩耍。由于地位特殊，大家都知道他被废是迟早的事情，没有谁愿意去接近他。可怜的他，亲生父母被囚禁在南宫；疼爱他的皇太后奶奶也是顾了这头顾不了那头，宫里宫外处处是景帝的眼线，朱见深十分孤独。这时，只有一个人——万贞儿无微不至地照顾朱见深，寸步不离地守护在他的身边，给他照顾和安慰。这个人，就是孩子心中最敬爱的万姑姑。

孙太后的直觉是相当精准的。朱祁钰即位不久，就开始谋划永坐皇位。景泰三年（1452年），他联合一部分大臣，一举废除了朱见深的太子地位，改封为沂王，又立了自己的儿子朱见济为太子。此时，朱见深五岁。

从此，朱见深流落皇宫之外。父亲被囚禁在南宫，母亲周贵妃也无法出宫来看他，他的身边遍布着朱祁钰的手下。朱见深就这样过着今日不知明日事的生活，随时可能突然死去。这样的生活，持续了整整五年。

这五年里，朱见深的身边，始终只有万贞儿一个人。万贞儿不仅是他的保姆，更是他的母亲、老师、朋友，是他能够活下去的勇气。天顺元年（1457年）正月，朱见深悲苦的日子终于结束。朱祁镇重新夺得皇位，朱见深可以回到宫中，太子的身份得以恢复。

就这样，在万贞儿的陪伴下，十岁的朱见深回到紫禁城。这一次，自己的父亲是当今的皇帝，他可是名正言顺的皇储了。于是，许许多多溜须拍马的官僚开始围绕在朱见深的身边讨好他，身边也多出了许多各种各样新选进的宫女。但是，五年的废太子生涯，已经使他和万贞儿一时一刻也分不开了。任凭谁，也无法取代万贞儿在他心中的分量。随着朱见深长大，情窦初开，他和万贞儿的关系也渐渐改变了性质，虽然这个时候万贞儿已经三十出头。

天顺七年（1463年），朱见深十五岁，到了成婚的年龄。明英宗开始在全国范围内为太子选择太子妃。按照礼制规定，这次将为朱见深选择一位正妻，两位妃子。经过层层筛选，最后留下三人，分别为：顺天吴氏、上元王氏以及一位柏氏。就在明英宗为选择谁做正妻而犹豫的时候，他病倒了，半个月后撒手人寰，十六岁的朱见深成为大明帝国新一任的皇帝。他册封自己的嫡母钱氏为慈懿皇太后，生母周贵妃为皇太后。在这两位太后的策划下，天顺八年（1464年）七月二十一日，紫禁城举行了隆重的大婚典礼，和朱见深同年的吴氏成为宪宗朝的第一任皇后。

吴氏成为皇后，虽然得到的宠幸远远不及万贞儿，但仍是让万贞儿妒火中烧。她时常在小皇帝面前耀武扬威，根本不把皇后放在眼里，其至还有意无意地激怒她。"先是，宪宗居东宫，万贵妃已擅宠。后既立，摘其过，杖之。"（《明史》）也就是说，当时万氏专宠，吴皇后凭借着自己的皇后地位，指责万氏的过错，并亲手杖打了她。万氏哭哭啼啼地跑到朱见深面前倾诉，并趁机讲了许多吴皇后的坏话。宪宗朱见深听了，勃然大怒。一气之下将吴皇后打入了冷宫，还下令对吴皇后处以杖刑，为万氏出气。

八月，明宪宗朱见深下诏："先帝为朕简求贤淑，已定王氏，育于别宫待期。太监牛玉辄以选退吴氏于太后前复选。册立礼成之后，朕见举动轻佻，礼度率略，德不称位，因察其实，始知非预立者。用是不得已，请命太后，废吴氏别宫。"意思是，当初明英宗中意的太子妃人选其实是王氏，由于吴氏的父亲吴俊打通了太监吴熹的关节，送了大笔银两，在两宫太后复选之时，假造英宗遗言，使得吴氏成为皇后。可怜的吴氏，才做了一个月的皇后就被废掉，十六岁的她只能在冷宫里度过自己漫长的人生了。

吴皇后被废后，王氏成为皇后。王皇后知道万贞儿的厉害，一直对她忍气吞声。其实，在朱见深心里，只恋着万氏一人，他何尝不想册立万贞儿为皇后？但是，万氏年龄比他大十七岁，又是微贱的宫女之身，想坐上皇后宝座，万万是不可能的。迫于礼制，也迫于两位太后的压力，宪宗也只能给她一个小小的妃嫔名号。

成化二年（1466年），万妃生下了皇长子，大喜过望的朱见深立即趁势将万氏加封为贵妃，又派出使者祭祀山川诸神。谁知天不从人愿，这位小皇子不及满月就夭折了，更令万贵妃伤心的是，从此之后，她再也没有怀上过孩子。

失去孩子之后的万贵妃虽然集万千宠爱于一身，但心肠却更加狠毒。每当得知宫中其他嫔妃怀有龙子，就恨得牙痒痒。她买通太监，每当知道哪个妃嫔已有身孕，就马上送去打胎药，逼迫她们喝下去。迫于万贵妃在宫中的权势，妃嫔们只好含泪相从，导致"掖廷御幸有身，饮药伤坠者无数"。

几年过去了，朱见深一直没有子嗣。朝野内外，一片忧心。大臣们屡屡奏请，希望皇帝广施恩泽。虽然明宪宗也愁眉不展，但仍是很少出入万贵妃之外其他宫人的住所。直到成化五年（1469年），柏贤妃生下皇子，宪宗大事庆贺，将其立为皇太子。但不到一年，这个孩子也不明不白地夭折了。朱见深痛苦极了。宫人太监们觉得太子病得奇怪，偷偷查访，得知果然是万贵妃派人毒死了太子，却没有一个人敢去告发。在明宪宗的眼里，万贵妃永远是那个世界上唯一可以相信、可以依靠的善良的女人。

有一天，太监张敏正在给朱见深梳理头发。百无聊赖中，朱见深又想起了自己已经死去的儿子。他对镜自照，看到自己头上的数根白发，不由得长声叹息："老将至而无子！"张敏听到了皇帝的自言自语，酝酿斟酌良久，终于鼓起勇气，伏倒在地，连连磕头，用颤颤巍巍的语调，告诉了皇帝一个惊人的消息："死罪，万岁已有子也。"

纪姑娘的肚子

自己有一个儿子,而且已经六岁了,却从来不知道,从来没见过。张敏的回答让明宪宗大吃了一惊。激动之余,也不待细问这个儿子是从哪儿冒出来的,便急急忙忙地传旨摆驾至西内,派张敏去领皇子来与自己见面。

这个皇子究竟是谁呢?他又是怎样逃脱了万贵妃的魔爪,在六岁时终于得以与父亲相认的?

一切还得从成化元年(1465年)说起。

这一年,西南作乱,朝廷任都察院都御史韩雍为远征军指挥官前去征讨,不久便将叛军全部歼灭。这次平定叛乱,俘获了很多当地的土著居民。他在这些俘虏中挑选了一些年轻男女,带回京城,准备送进王府或是宫廷。

在这批人中,有一位年轻女子。她姓纪,名字不详,是当地贺县一名土官之女,长得漂亮,人也聪明,于是便被送进了宫,充入掖庭。宫中见她性情贤淑,又通晓文墨,不久便升她为女史,继而被王皇后看中,命她管理内藏。所谓内藏,其实就是内府的钱库。在明代,国库里的钱,是由户部管理的,内藏库里的钱,则是皇帝的私人财产,由皇帝亲自掌管。

一天,朱见深闲来无事,来到了内藏,想问问内藏现在还有多少金银钱钞。当时,正是纪姑娘值班。皇帝见她口齿伶俐,对答如流,十分喜欢,又见她生得美貌如花,明艳动人,当即在纪氏住处召幸了她。

虽然得到了皇帝的宠幸,但纪姑娘的日子并没有好起来。皇帝只是一时兴起,离开内藏后,明宪宗马上便把纪姑娘抛在脑后,一颗心又回到了万贵妃身上。纪姑娘就这样等待着,但她没有等到皇帝的到来,却等来了自己怀孕的征兆。

纪姑娘马上意识到了自己的危险,连后宫诸多嫔妃都保护不了自己的孩子,何况自己人微言轻,又怎是万贵妃的对手?

果然没过多久,事情便传到了万贵妃的耳中。万贵妃恼怒异常,派了一名宫婢前去内藏,打听实情。那宫婢发现纪氏是真的怀孕了。她也知道,这事如果告诉万贵妃,纪氏和孩子就通通没命了。她动了恻隐之心,实在不忍皇帝的子嗣再遭杀害,于是,回去禀报万贵妃,说纪氏只是肚子里长了个瘤块。

几个月过去了,纪氏生下了一个男孩。对这样的喜事,纪氏痛苦万分。她知道,儿子一定无法逃脱被万贵妃害死的命运,没过多久,万贵妃就得知了这一消息,她命太监张敏将孩子溺死。

张敏看到小皇子甚是可爱,把他弄死,实在是于心不忍。又想到皇上年纪越来越大了,天天盼望的就是能有皇位的继承人。而他的几个孩子不是莫名其妙地胎死腹中,就是急病夭亡,至今连一个子嗣都没有。如果这个孩子再死了，那社稷怎么办？

张敏越想越不忍，终于，冒着杀头的危险，把皇子偷偷地藏在了密室，还和宫中的其他太监商议，从他们少得可怜的收入中挤出一些钱，每天就拿些蜜糖、粉饵之类的食物喂养他。由于张敏行事小心，小皇子一次又一次地躲过了万贵妃的耳目，一天天长大了。

这个孩子得到了宫中太监群体的一致喜爱。在这冰冷的宫墙内，孩子的存在给他们带来了无数的欢乐。但是，张敏毕竟是一个普通的太监，而与他相熟的那些知情的太监宫女，也都生活在宫廷的最底层，除了每月自己的花销，根本没有什么剩余财产。虽然养这个孩子并不需要花费太多，只要有口饭吃也就够了，但即使如此，这些太监宫女们，仍是供应不起。作为孩子的生母，纪氏虽然曾经掌管宫廷内藏，但就收入来说，和这些宫女太监，其实不相上下。

就在大家一筹莫展之时，事情突然有了转机——废后吴氏知道这件事了。她十分真诚地愿意把皇子接到自己居住的西内，加以照料。虽然吴氏已是废后，但毕竟曾经风光一时，有些家底。于是，他们欣然将孩子交给了吴皇后。从此，孩子开始了与吴皇后共同生活的日子，"时吴后废居西内，近安乐堂，密知其事，往来哺养，帝不知也"。直到这一天，张敏终于找到机会，将孩子的事情对朱见深和盘托出。

皇帝在西内焦急地等待着儿子的到来，而此时接到消息的纪氏却已是泪流满面，她将孩子拉到自己面前，对他说："儿去，吾不得生。儿见黄袍有须者，即儿父也。"你今天去了，做母亲的我也就活不成了。你看到穿着黄袍、留着长胡须的人，就过去吧，他就是你的父亲。说完,给孩子穿上一件小红袍,将他抱上小轿,由张敏等护送着,向西内而去。

朱见深忽然看见宫门前一顶小轿停下,一个穿着小红袍,连胎发都没剃过,长发几乎已经垂到地上的孩子扑到自己怀里。他激动极了,马上将他抱起,放到自己腿上,凝视了半天,发现孩子和自己长得很像,不禁喜极而泣,遂向群臣传递喜讯,并讲述原委。大臣们听了,也是欢喜不已,第二天一早齐来向宪宗道贺。朱见深命内阁起草诏书,颁行天下,又命礼部召开会议,替皇子定名叫祐樘。这个孩子长到六岁,终于有了自己的名字。

随后,大学士商辂率众臣上疏:皇子为国本之所在,教养之事仍以其生母纪氏主持为好。朱见深欣然准奏,纪氏被明宪宗封为淑妃,移居永寿宫,之后又临幸了数次。但是,正如同她对自己命运的判断,朱祐樘进宫一个月后,纪妃在后宫住所忽然死亡,死因不详。有人说她是被万贵妃毒害致死,有人说她是上吊自杀,至今仍无定论。直到朱祐樘即位后,淑妃才被追谥为孝穆慈慧恭恪庄僖崇天承圣纯皇后,迁葬茂陵,别祀奉慈殿。

成化二十三年(1487年),朱见深驾崩,太子朱祐樘即位,是为孝宗。

朝廷的规矩

正统十三年（1448年），由朝廷举办的进士科考试放榜了。中试的举子们正列队站在空旷的大殿里，等待着皇帝的召见。在队伍里，有一个身材挺拔，肩膀宽阔，眉目如刻画，脸部轮廓如刀削的美男子正在好奇地打量着周围的一切。

这个人名叫万安，此科他位居二甲第一。中国古代的科举制度中，通过最后的殿试者，称为进士。而进士又分为三甲。其中一甲三人，赐进士及第，第一名称为状元，第二名榜眼，第三名探花。二甲、三甲，分别赐进士出身、同进士出身。万安考中二甲第一名，也就是全国第四名。这种感觉应该就像是现在的运动员在比赛中得了第四名一样，看着带上奖牌的前三名，心里一定总有些不是滋味。

但这些对于万安来说，并不要紧。因为，用不了多久，万安便会用事实向世人说明，会考试的，并不一定就是会在官场混的。

万安中进士后，被任命为庶吉士，授翰林院编修。到了明宪宗成化元年（1465年），又被升为礼部左侍郎。在进入官场的最初几年中，万安并没有做出任何的实事，而是将所有的精力都用在了搞关系和巴结之上。他先是与宦官们拉拢关系，然后以此作为他的内援，巴结他的主要目标——万贵妃。

当时，万贵妃正深受明宪宗的宠爱。万安大献殷勤，极力投其所好。为了得到万贵妃的帮助，他还利用自己和万贵妃都姓万这一有利条件，千方百计地和万贵妃攀上了亲戚关系，自称是她的子侄辈。一开始，万贵妃并没将万安的话放在心上，但说得多了，万贵妃也就渐渐地真把他当作了自己的娘家人。于是，万贵妃开始介绍自己的弟弟，锦衣卫指挥使万通和万安认识，让他们互相当成本家来往。一来往，又发现万通的妻子王氏竟然是万安妻子的妹妹！于是，万贵妃以及万通和万安的来往便更加亲近了。

万安利用这层关系，让自己的妻子随时到后宫走动，同时替他打探宫中的情况。在精心谋划下，万安很快得到了提拔。成化五年（1469年），万安进入内阁，开始参与处理国家最高政务，同时仍兼翰林学士。但是，进入内阁后的万安，并没有改变自己拉关系搞钻营的本质。阁臣们都知道万安是靠巴结万贵妃而进入内阁的，对他都十分轻视。

同僚的小觑和风传的流言并没影响到万安的心情，他依然我行我素，在处理公务上，只坚守着一个原则，那就是混事。

成化九年（1473年），万安升任礼部尚书，成化十三年（1477年）改任户部尚书，加封太子少保，授文渊阁大学士。成化十四年（1478年），迁吏部尚书，晋封为太子太保，谨身殿大学士。此时彭时已经死了，商辂因为受到宦官汪直的排挤，也被免官。因此当时的内阁主要由万安、刘珝、刘吉组成。

这三个人，互相争权夺势。以万安为首，联合李孜省、邓常和彭华等南方的官员结成的朋党，与以刘珝为首，联合尚书尹旻、王越则所组成的北方的官员党开始进行你死我活的较量："在内阁者刘珝、刘吉。而安为首辅，与南人相党附；珝与尚书尹旻、王越又以北人为党，互相倾轧。然珝疏浅而安深鸷，故珝卒不能胜安。"

这场斗争以万安的全面胜出而宣告结束。刘珝、王恕、马文升、秦纮、耿裕等诸大臣相继被放逐，而万安的死党彭华则由詹事升迁为吏部侍郎，进入内阁。此时的明宪宗，已经深陷道教不能自拔了。他加封"金阙真君""玉阙真君"为上帝。每天能见到皇帝的，只有李孜省、邓常恩等人。眼看国家社稷千疮百孔、四处遭灾，作为内阁首辅的万安却全然不加过问，对皇帝的行为听之任之。当时社会上流传着"纸糊三阁老，泥塑六尚书"的说法，可以说是对这届内阁最为形象的讽刺。

成化十八年（1482年），万安由于上疏请罢西厂，而受到朝臣的称赞，被加授太子太傅，升华盖殿大学士。万安走到了自己官宦生涯的顶峰，朝臣中无一人能与他相抗衡。而在万安执政的二十年中，每逢科举考试，他都必定让自己的门生担任考官。于是，儿子万翼官拜南京礼部侍郎，孙子万弘璧担任翰林院编修。其他侄子外甥女婿等诸多亲戚，也大多都取得了功名。

然而好景不长，成化二十三年（1487年），明宪宗驾崩，朱祐樘登基，由万安负责为新皇帝起草即位诏书。万安以为，新皇帝即位，年轻而且经验不足，并不太放在眼里。于是，他趁机下令禁止谏官进言，朝野上下，一片哗然。

御史汤鼐十分不满,怒气冲冲地跑到内阁去讨说法,但万安却不动声色,只说是皇帝的意思。万安没有想到,此刻坐在龙椅上的皇帝,已经不是那个只会炼丹修道的明宪宗了。很快,汤鼐便把万安的话原封不动地上奏皇上,弹劾万安堵塞言路,独揽大权,蛮横嚣张,还把责任推给皇帝,有失人臣之礼。奏折一上,庶吉士邹智、御史文贵、姜洪等人也纷纷跟着弹劾万安。

其实,刚刚登基的明孝宗朱祐樘此时还并不想整治万安。大明皇宫中诸多神仙道士刚刚被清理走,朱祐樘想,这件事就到此为止吧。直到有一天,他无意中发现了一件让自己十分恼火的事情。

这天,朱祐樘在一个旧抽屉中找到一本小书,包装十分精美。于是,他便随手翻了翻。没想到,这本书中通篇充斥着房中术的内容,而且图文并茂,内容十分不堪。朱祐樘按捺不住了,居然有人将这样粗俗的东西传入后宫。他正准备派人去追查,蓦地发现书的封底赫然署着三个大字"臣安进"。孝宗立即命令太监怀恩拿着这本书到内阁去质问万安:"此大臣所为耶?"

万安吓得大汗淋漓,跪在地上一声都不敢吭。原来,万安做内阁首辅的时候,有一个叫倪进贤的人,读书不多,品行也不好,为了混个官做,拼命巴结万安,常常为他讲解房中术,而明宪宗恰巧又对这个很热衷,于是万安就将从倪进贤那里学来的东西写成文字,配上插图送到明宪宗手里。倪进贤也因此而考中进士,授庶吉士,在朝中担任御史。但偏偏明孝宗朱祐樘对这些东西十分反感,再加上此时大臣们弹劾万安的奏章越来越多,朱祐樘决定好好羞辱万安一番。

他命令太监怀恩拿着这本书到万安面前朗读。万安羞愧得无地自容，苦苦哀求，希望朱祐樘原谅自己，却丝毫没有辞去内阁首辅之职的意思。"及诸臣弹章入，复令恩就安读之。安数跪起求哀，无去意。恩直前摘其牙牌曰：'可出矣。'始惶遽索马归第，乞休去。时年已七十余。"(《明史》)

就这样，已经七十多岁的混混万安百般不情愿地辞去了职务。在回家的途中，他还不时地回头张望，希望皇帝回心转意，召他回京。但是，朱祐樘已经下定决心，永远不想再见到万安。万安回老家一年后，即病死。朱祐樘为他赐谥文康，赠太师称号。

成功？我才刚上路哎

西厂诏狱。

杨晔满身鲜血淋漓，痛苦地躺在地板上，还在不断痉挛着。他的每一根手指都已断成了三截，让人目不忍视。

杨晔至今仍不明白，是什么样的罪过，让他遭受了这样残忍的对待。此时的他担任建宁卫指挥，还是曾经在明代朝廷上显赫一时的少师杨荣的曾孙。因为父亲杨泰在家乡被仇人上告，无奈之下带着他逃到京城，躲藏在妹夫董玙的住所。这件事早已通过眼线传到了汪直的耳中。虽然杨晔所犯的只是一件如同鸡毛蒜皮般的小事，但在汪直的眼里，则是一个相当宝贵的机会。因为，杨晔正是他的第二个打击目标。

汪直以迅雷不及掩耳之势逮捕了杨晔和董玙，随后被施以西厂最经典的酷刑"弹琵琶"。

当时杨晔已经是"骨节皆寸解，绝而复苏"（《明史》）。实在不胜其苦的杨晔只好承认自己是寄放财物于自己叔父，也就是兵部主事士杨士伟的住处。得到口供后，汪直也没有向朝廷奏请，就将杨晔与杨士伟下狱，并侵占了他的家人和财产。然后"狱具，晔死狱中，泰论斩，士伟等皆谪官，郎中武清、乐章，行人张廷纲，参政刘福等皆无故被收案"。

紧接着是刑部的几个官员，刚刚从外地出差归来，刚一进京城就被西厂的人逮捕，投入大牢一顿猛打，打完之后也没有人审讯，就又被莫名其妙地释放出狱。另外一个外地的布政使进京办事，也是刚一进京，就被西厂的人拉去打了一顿，平白无故地关了几天，又被放出来。这些当然都是汪直的奸计。他终于向天下人证明了自己是真正的大权在握：他可以在任何的时间、任何的地方处决自己想处决的人。至于皇帝，就只是个摆设而已。

此时的汪直，已经是丧心病狂了。他觉得自己的势力还是不够大。于是，他开始拉帮结伙，大力培植自己的亲信，继续铲除异己。御史王越、锦衣卫百户韦瑛等人都是他的心腹。他们聚在一起，策划阴谋、制造冤狱，然后再向那个只知炼丹修道的皇帝邀功请赏。

他们把魔爪伸向了京城之外的全国各地，肆无忌惮地抓人、杀人。他还掀起了全国范围内的"捕妖言"运动，特务们设下圈套，诱使百姓"犯法"，然后再强加以"乱民""要犯"的罪名，将他们逮捕入狱，全国上下，鸡犬不宁。"自诸王府边镇及南北河道，所在校尉罗列，民间斗置鸡狗琐事，辄置重法，人情大扰。"而特务们却以此来邀功领赏、升官晋级。朱见深明明知道汪直所上的请赏奏疏中有很大的弄虚作假成分，却睁一只眼闭一只眼，并不揭穿，也不追究。这就更加纵容了汪直一伙的气焰。

随着地位的上升和权力的扩大,汪直越来越不可一世,他每次出行,都要前呼后拥,排场比皇帝还大。"直每出,随从甚众,公卿皆避道。兵部尚书项忠不避,迫辱之,权焰出东厂上。"只要汪直走在路上,其他行人不管是朝廷命官还是普通百姓,都要下马回避,退居一旁。否则的话,轻者受皮肉之苦,重者性命难保。汪直每到一个府、县,当地的官员都得跪地相迎,竭其所能地予以招待。有一天在兵部尚书项忠上早朝的路上遇到汪直没有主动让道,汪直当场破口大骂,让自己的爪牙们当场羞辱他。

汪直的倚势欺人、骄横跋扈,早就激起了朝中大臣的强烈不满。尤其是杨晔案发后,更是一片哗然。虽然杨荣已死,但多年来,他在全体文官的心目中威信犹在,是文官集团的楷模。他的子孙就这样不明不白地冤死狱中,大臣们岂肯善罢甘休?再加上当时一些依附于宦官势力的官员很快得以升迁高位,而不肯向宦官低头的正直官员则纷纷被罗织罪名加以驱逐,甚至陷害致死。文官们纷纷感觉到自己的生存空间越来越小。

忍无可忍之下,文官们公推大学士商辂为首,联名上疏弹劾汪直。奏疏中列举了汪直的十一条大罪。奏疏言道:"陛下委听断于直,直又寄耳目于群小如韦瑛辈。皆自言承密旨,得颛刑杀,擅作威福,贼虐善良。陛下若谓摘奸禁乱,法不得已,则前此数年,何以帖然无事。且曹钦之变,由逯杲刺事激成,可为惩鉴。自直用事,士大夫不安其职,商贾不安于途,庶民不安于业,若不亟去,天下安危未可知也。"(《明史》)

接到这封奏疏的朱见深顿时勃然大怒:"用一内竖,何遽危天下,谁主此奏者?"不就是用一个太监吗,怎么就会天下大乱了?

这封奏疏是谁指使的？并下令太监怀恩传旨，狠狠地惩罚他。

怀恩是当时的司礼太监，历经三朝，手握重权。他来到内阁后，正好商辂、刘吉、万安等人都在等待消息。于是，他如实地传达了朱见深的问话。

明知道皇帝已经发火了，但大学士商辂仍是面不改色，毫不服输，只是用镇静而又坚决的口吻说道："朝臣无大小，有罪皆请旨逮问，直擅抄没三品以上京官。大同、宣府，边城要害，守备俄顷不可缺，直一日械数人。南京，祖宗根本地，留守大臣，直擅收捕。诸近侍在帝左右，直辄易置。直不去，天下安得无危？"意思是朝廷之臣无论官职大小，有罪都要奏请皇帝才能逮捕，而现在连祖宗创业之地南京的留守大臣都被人擅自逮捕，皇帝身边的近臣也由着汪直随意安插，那么，如果汪直不除，天下怎么会不乱？

商辂的话一出口，内阁的成员们也纷纷按捺不住了，你一言我一语，议论纷纷。眼看局面就要控制不住了，怀恩连忙安抚了商辂等人的情绪，立即跑回皇宫面见朱见深，转述了商辂等人的话。

听完了怀恩的回话，朱见深陷入了沉默。联想到近几年来不断有朝臣上书揭露汪直党同伐异、残害忠良，他一直都置之不理。而前不久那场"天下人只知有汪太监，不知有天子"的戏码也近在眼前不断地浮现，潜意识在告诉他，商辂是对的，汪直真的已经成为一个有威胁的对手。现在，必须采取行动了。

"翼日，尚书忠及诸大臣疏亦入"，再一次收到上疏的朱见深没有再犹豫，当即撤除了西厂，让怀恩向汪直宣读他所犯的罪状，将汪直驱逐回御马监，把汪直的心腹干将韦瑛调到边卫。还遣散了诸旗校，让他们回归锦衣卫。这对于内阁来说，是一次了不起的胜利。他们纷纷奔走相告，高兴万分。

西厂被撤，汪直多年来的苦心经营付诸东流。但是，他并没有多么沮丧，他太了解这位软弱的明宪宗了。汪直相信，用不了多久，自己就会恢复往日的辉煌。

果然，被逐回御马监的汪直并没有失去朱见深的喜爱，依然时常跟随在朱见深的身边。于是，一有机会，他就向皇帝诉苦，说内阁所上的奏疏，都是源于司礼监黄赐和陈祖生的谋划，目的就是为杨晔报仇。朱见深又一次相信了汪直，将黄赐和陈祖生贬到了南京。不到一个月，宪宗下诏，将被撤去的西厂重新恢复，仍委任汪直掌管西厂。

再一次回到西厂，汪直的心里五味聚杂。在他的眼里，朝臣们已经成为自己的死敌。他对他们恨得咬牙切齿，势不两立。从此，汪直开始变本加厉地打击报复，如同一股卷土重来的阴风，使大明王朝再一次陷入一片恐怖的气氛中。

痛打落水狗

屋内，汪直正焦躁地来回走动着。他一会儿抓抓头发，一会儿望望窗外的天色，一会儿又使劲地揉搓着双手，还时不时地咒骂几句。他在大同待的时间越来越久，但却一直未得到皇帝召自己还朝的消息。此时的汪直心急如焚。他知道再这样下去，皇帝和自己之间只会越来越生分。他像热锅上的蚂蚁一样烦闷之极，但得不到诏书，汪直依然束手无策。

朝臣们看到汪直的情况，知道汪直在明宪宗面前已经失宠了。机不可失，时不再来，他们开始纷纷上疏揭发汪直的罪行。其实，对于朝臣来说，他们与宦官之间的矛盾，是自帝国肇始就存在的。在明宪宗即位之初，就曾有一个叫王徽的都察院官员，与同官王渊、朱宽、李翔、李钧联合上奏，在奏章中他们说道："自古宦官贤良者少，奸邪者多。若授以大权，致令败坏，然后加刑，是始爱而终杀之，非所以保全之也。愿法高皇帝旧制，毋令预政典兵，置产立业。家人义子，悉编原籍为民。严禁官吏与之交接，唯厚其赏

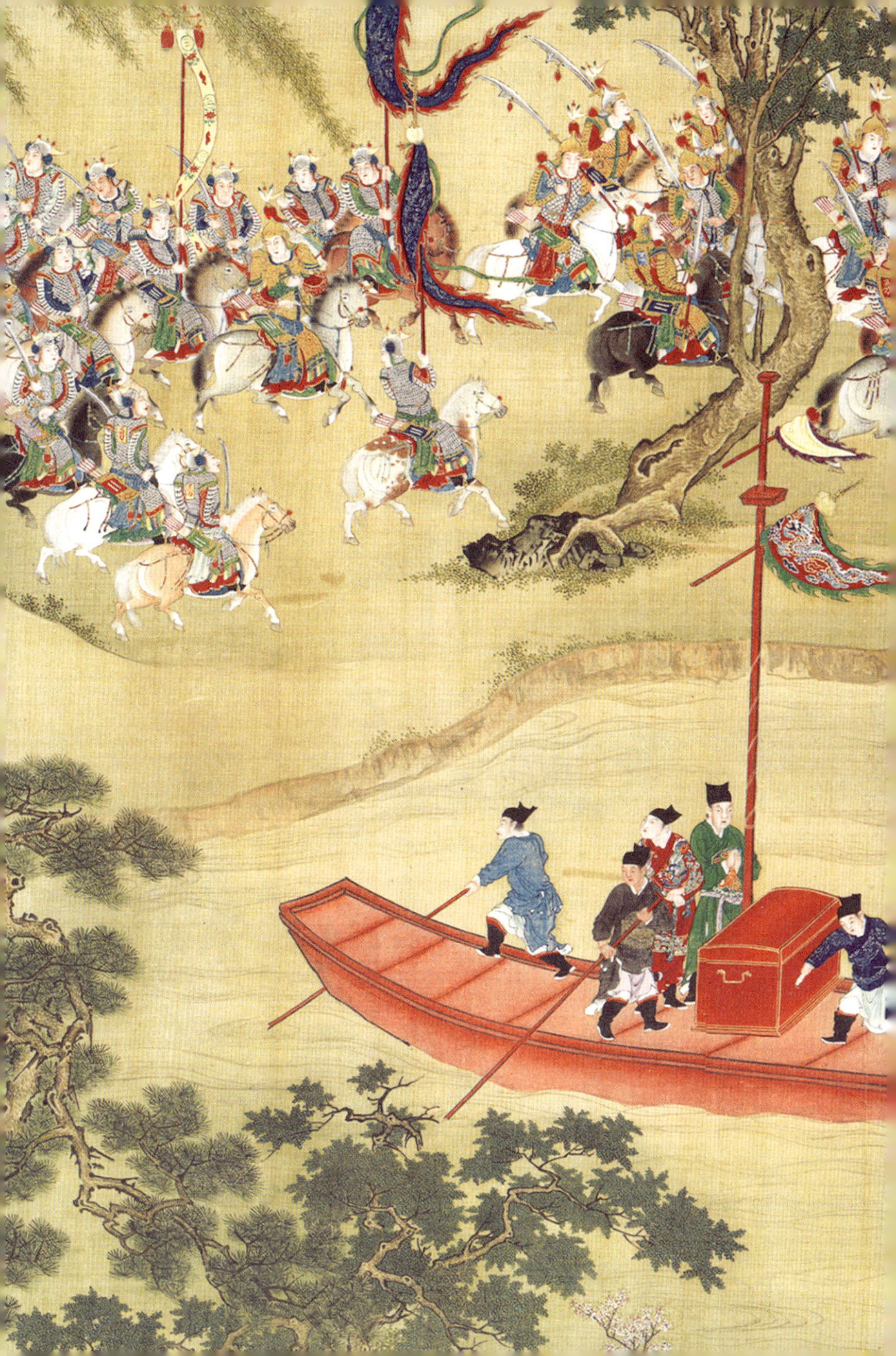

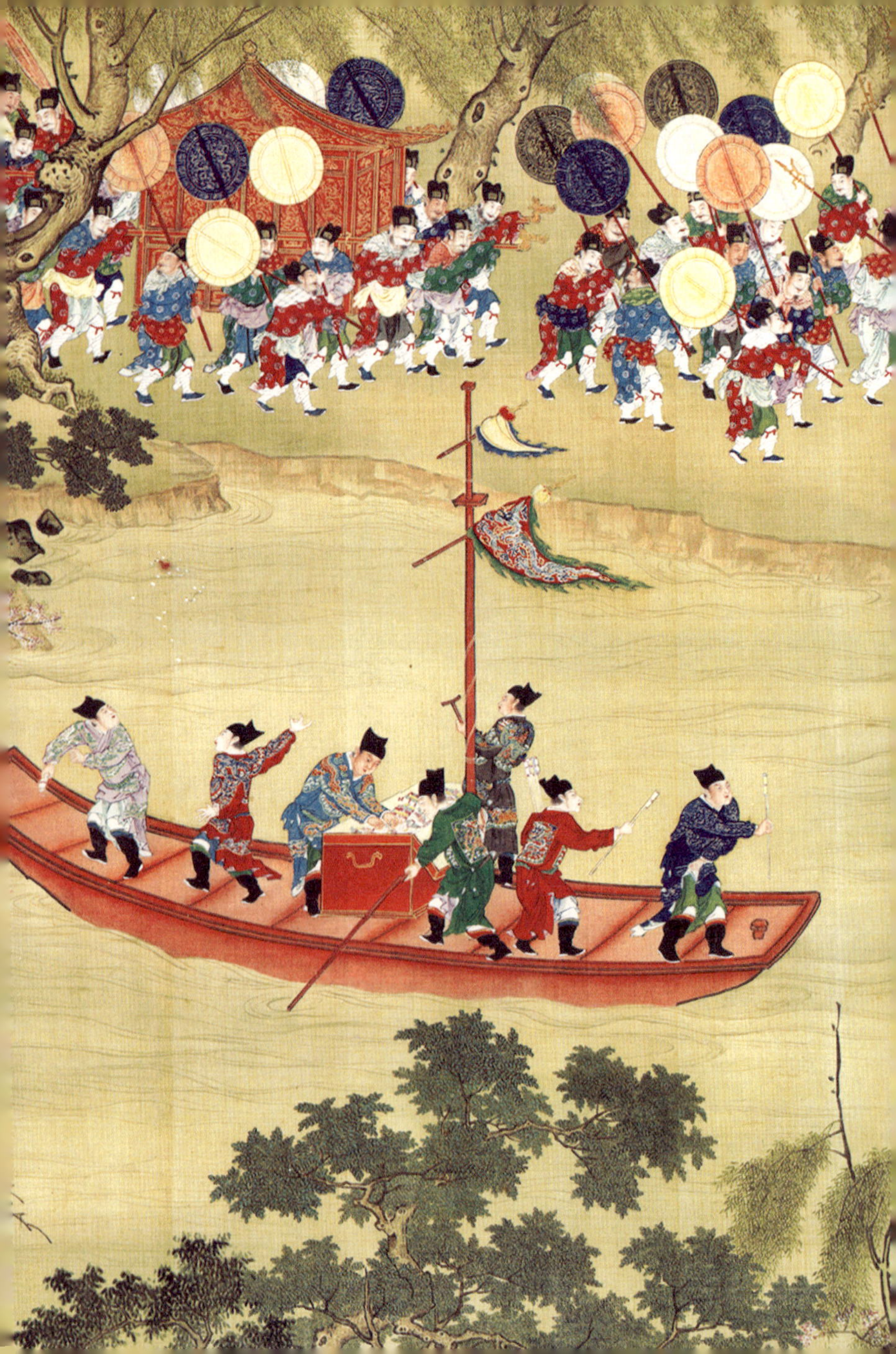

赍，使得丰足，无复他望。此国家之福，亦宦官之福也。"

宦官中就是贤良的少，奸邪的多，如果授予他们太多权力，他们就会玩弄权势，败坏朝政，拖垮国家。因此一定要延续太祖高皇帝的做法，不让他们大置家产，更不能让他们干预政事，宦官的家人义子，也绝不能在朝中做官。

王徽还提出要严禁宦官与大臣相互结交。因为如果一旦内官收下了外臣所送的礼物，就会在皇帝面前对其百般夸奖。而一些刚直不阿的官员，只是因为没有给内官送礼，就招致内官朝夕谗谤，时日一久，皇帝的判断力也就被这些风言风语所蒙蔽了。但是，从小在孤独无依中长大的明宪宗，虽然明白王徽所说的每一句都是实情，但每次他一站在万贵妃面前，就仿佛回到了自己需要关心呵护的孩童时代，不管万贵妃说什么，他都言听计从。于是，这些靠着巴结贪婪的万贵妃而起家的宦官，势力就这样一天天变大，发展到了不可一世的地步。

但是，明代的宦官专权，与汉代、唐代仍大有不同。在汉代和唐代，专权的宦官可以完全把持朝局，连皇帝的废立和生死，也完全地把握在宦官的手里。而明代则不然。在这样一个君主专制已经发展到顶峰的时代里，宦官即使再猖獗，势力再大，是生是死也仅仅是皇帝一句话的事。汪直的命运，恰恰就是这一规律的最好证明。

朝臣们痛斥汪直的上疏源源不断地传到了明宪宗的手里。先是给事御史文章上奏，揭发西厂任意罗织罪名，无恶不作，请求皇帝尽快再次罢黜西厂，阁臣万安随即附和。虽然万安任首辅除了向万贵妃献媚，向明宪宗献房中术外一直毫无作为，被人鄙视，但这次因奏请罢置西厂，大家也都对他连连赞赏。

此时，大同巡抚郭镗也开始上疏弹劾汪直。原来，汪直到了大同后，一直与当地总兵许宁不和。成化十九年（1483年）六月，汪直与许宁的矛盾加剧，甚至大打出手。郭镗趁机上奏说如果再这样下去，恐怕会耽误边地战事。消息传到北京，明宪宗召集群臣商讨。兵部认为，应该尽早处分汪直。若是在从前，文臣武将是几乎不敢与镇守太监，尤其是与汪直相抗衡的。即使是发生了争执，皇帝也往往是站在太监的一边。但这次明宪宗却没有保护汪直，而是责备汪直不以"边寄为重"，还一举剥夺了他的兵权，将他又调任到南京，继续做御马监太监。

汪直垂头丧气地回到了南京，此时的他已经全然没有了当年巡行北边时的威风。可能此时的他，只想着能老老实实地在御马监度过自己的后半生，就已经是不幸之中的万幸了。但是，被压抑了多年的朝臣们是决不会放过他的。

令人哭笑不得的是，最终彻底搞垮汪直的，不是大臣们。这段历史的结局不是所谓的正义压倒邪恶，而是一股邪恶的力量战胜了另外一股邪恶的力量。

压倒汪直的人，一个叫李孜省，另一个叫尚铭。

对于李孜省，我们应该并不陌生了。这位尚铭，也是个非常不简单的角色。作为东厂掌印太监，尚铭入宫很早，最擅长的就是敲诈勒索京城富户以换取钱财。在他提督东厂期间，东厂被治理得有声有色，成了宪宗皇帝最为依靠和信赖的臂膀。这一切一直延续到汪直的出现。

汪直自发组织特务机构向皇帝打小报告，后来又一手组建西厂。尚铭感觉到,这个人在一步步地威胁着自己的利益,甚至汪直竭尽全力所做的一切,目的就是想把自己挤走,然后取而代之。而一件事情的发生,让尚铭决定,与汪直势不两立。

其实,这只是一件芝麻绿豆般大的小事而已。一次,尚铭因抓获逆贼而得到了皇帝的赏赐。按说臣子被皇帝赏赐,是时有发生的事情,但汪直大概是专宠太久了,受赏的又是自己的竞争对手尚铭,嫉妒得不得了。尚铭得到赏赐后,也没有告诉汪直。于是,汪直觉得自己被轻视了,到处数落尚铭的不是。这些话传到尚铭的耳中,他越想越害怕。但转念一想,此时的汪直已经不是当年的汪直了。皇帝已经开始疏远他,那自己何不奋力一拼,说不定能挤垮汪直呢?

尚铭开始寻找能与他合作挤垮汪直的伙伴。最终,他将这个人选锁定在了李孜省身上。找李孜省,尚铭最主要是考虑到他曾经想插手特务行业,直接向皇帝提供秘密情报而遭到汪直的排挤。而李孜省也是宪宗皇帝的宠臣,他们之间,必定有积怨。恰巧,此时李孜省也正想着为此事联合尚铭。两人一拍即合,立即分工合作,着手准备弹劾事宜。尚铭负责搜集汪直的罪证,而李孜省则串通万安上疏告状。

汪直在皇帝身边服侍日久,在平时的闲谈中,难免泄露出一些宪宗皇帝不愿让别人知道的宫廷秘闻。尚铭将这些小道消息通通收集整理,一并报告给皇帝,还尽自己所能揭发了王越不法的所有事宜,他还发动自己所有的关系网,不断大力搜罗。而李孜省则四处联合言官,掀起了一波又一波的攻势。什么妄报功次,侵盗钱粮,擅作威福,交结朋党,屡兴大狱,肆意横行……一时间,如同痛打落水狗一般，弹劾汪直的奏疏飞得漫天都是。很快，汪直便被降为奉御，随即又被罢官，跌入了他政治生涯的最低谷。

汪直被贬后，他的党羽和爪牙王越、戴缙、吴绶等都被免职。此时陈钺已归家，没有受到牵连。那个丧尽天良的韦瑛也被诛杀，人人拍手称快。而西厂被废除后，扳倒汪直的尚铭立刻将西厂收编。尚铭天真地以为，汪直倒台后，自己马上就可以成为新的汪直，继续作威作福。但是，好景不长。由于尚铭贪婪的本性未改，"卖官鬻爵，无所不至"，明宪宗很快地觉察到了这件事。刚刚从被汪直的欺骗中醒悟过来的他这次毫不手软，将尚铭贬谪，充南京净军，籍没了他的家产送归内府。尚铭家里的钱财竟然多到几天几夜都搬运不完的境地。从这以后陈准开始代理东厂。这个陈准一向与怀恩关系要好，取代尚铭之后，他训诫诸校尉说："有大逆，告我。非是，若勿预也。"从此，大明帝国终于又回归到以往安定的局面。

汪直被罢官，但朱见深并没有要汪直的性命。成化初年进京成为奉御，汪直从宫廷最底层的小太监做起，十余年来，一步步攀升到翻手为云、覆手为雨的最高境界，继而一刹那间又被打回原形，这一切对汪直来说，犹如一场梦幻泡影。《明史》中并未确切记载汪直的死亡年限，但是无疑，汪直寿终正寝。这对于被他害死的无数冤魂来说，其实并不公道。汪直和他的主子朱见深如何偿还对百姓所犯的罪孽？这一切都压在了年幼的朱祐樘身上。

第三章
弘治：活着就是做有意义的事

因为懂得，所以慈悲

万喜手扶着锈迹斑斑的牢门，发出一声长长的叹息。作为万贵妃的弟弟，不久前，自己还是无限风光，前呼后拥，而一转眼间，就变成了坐地等死的阶下囚。

成化二十三年（1487年），明宪宗朱见深追随万贵妃的脚步而去。纵观成化一朝，邪魔外道横行，政治昏暗无比。内有汪直等人阻塞言路，外有万安等人混吃混喝。这位心地善良、个性温和的朱见深，对于万贵妃，是个难得的好丈夫；对于藩王宗室，是个难得的好兄弟；对于他的朝臣，也是个难得的好上司。然而，也正是他的这份软弱，使得朝廷奸臣当道，百姓备受其苦。可以说，生在皇室，导致朱见深一生的悲剧，使他无辜地背上了历史的骂名。但是，朱见深却生了一个难得的好儿子。

成化二十三年（1487年）九月初六，十八岁的朱祐樘正式登基，次年改年号为弘治，是为孝宗。从众人拼死保护才未遭堕胎的婴儿，到在一群太监宫女中躲躲藏藏才勉强长大的幼童，到六岁才见自己父亲第一面的少年,再到险些被万贵妃害死,又几乎被废的太子,虽然朱祐樘此时只有十八岁,却已经历尽了人生的千难万险。他不会忘了为保护自己而献出生命的母亲、太监张敏和怀恩,以及所有那些为了让他能够活到现在而付出代价的人。他望着跪在脚下的群臣,无数的爱与恨、记忆与梦想、感恩与思念让年轻的朱祐樘热泪盈眶。他发誓要让这个千疮百孔的国家重新恢复以往的荣耀与辉煌。

明宪宗朱见深为自己儿子留下的,是一个极为复杂的烂摊子:盘根错节的奸党,上蹿下跳的传奉官,毫无效率的内阁,复杂尖锐的社会矛盾。一大堆的麻烦摆在朱祐樘的面前,折腾之大,困难之多,简直无法想象。但是,面对这些,朱祐樘并没有丝毫恐惧。

也许是多灾多难的童年生活锤炼了他坚忍不拔的品性和抗击磨难的意志,朱祐樘与同龄人相比,显然老成很多。他丧母之时只有六岁,却"哀慕如成人"。他亲眼见到了自己的父亲因为独宠万贵妃而闭目塞听,一切唯万贵妃之命是从,亲眼见到了他为这样一场爱情而付出的惨重代价,造成了成化朝二十三年的混乱。于是,在自己的感情生活中,朱祐樘绝少"千金之子,性习骄佚,万乘之尊,求适意快志,恶闻己过"的习气。他在成化年间结婚,新娘是当时国子监监生张峦的女儿。张氏温柔贤惠,知书达理。就在他们成婚当天,按照惯例,二人一同前去朝见了万贵妃。

当时已是重病缠身的万贵妃虚情假意地接待了他们。此时的万贵妃恐怕没有想到,眼前的这个女人,朱祐樘的新婚妻子张氏,将成为中国历史上最幸福的皇后。而这一切,正是她拼其一生、算计一生,甚至为此丧尽天良也没有得到的。张皇后与朱祐樘相敬如宾，二人每天同起同卧，谈古论今，朝夕与共，一生只有一个独生儿子，就是后来的明武宗朱厚照。

即位第六天，朱祐樘就准备动手了。他早已看出，在大明王朝的政坛上上蹿下跳的都是些什么样的垃圾人物。

第一个被解决的就是修道成仙到处瞎糊弄的李孜省。虽然他仍然想继续装神弄鬼地在后宫中瞎混下去，但这位弘治皇帝却丝毫不给他机会，当机立断，让他立即走人。大概是多年苦心操劳从事丹药研制工作把身体累垮了，还没等到司法审判的那一天，李孜省就已经熬不住了，很快死在了狱中。

李孜省被解决了。朱祐樘开始着手处理他最为愤恨的一帮人——传奉官。这些传奉官，个个是劣迹斑斑，民愤极大。而且这些人混进官场，靠的是逢迎巴结和行贿送礼，因此根基都不深厚，既是最该收拾的，也是最容易被收拾的，更是朱祐樘最想收拾的。

要解决传奉官，首先要扳倒的就是他们的头目梁芳。朱祐樘没有让梁芳等待多久，成化二十三年（1487年）九月即位，十月他就正式拿梁芳开刀了。逮捕梁芳后，树倒猢狲散，两千多名传奉官被一举罢免。

眼看着一场轰轰烈烈的整治运动展开了，这下色鬼和尚继晓慌了。他见势不妙，拔腿就跑，一直跑回自己的老家江夏后，安安稳稳地过了一年的太平日子。可能是看到没有人再来抓捕他，继晓渐渐地放松了警惕，于是，本性难移的他又操起了自己的老行当——招摇撞骗。

为了显示自己曾经在京城有多威风，他拿了一块黄绸布把自己右手包起来，逢人便吹嘘，说这只手可是当年先帝曾经握过的。

但是，他没有想到，此时的北京城里，弹劾他的奏折几乎已经铺满地了。弘治元年（1488年）六月，在吏科给事中林廷玉的执着要求下，朱祐樘下令将继晓捉拿归案由刑部会审，处继晓以死刑，家属全部充军。由于继晓一年前是逃出京城的，刑部、大理寺等部的相关官员也均被牵连，因渎职罪被惩处。

在明孝宗大规模的整顿运动中，最为紧张的人就是万喜了。作为万贵妃的弟弟，他仗势欺人，气焰嚣张，罪恶滔天，他心里明白，自己死一万次都死有余辜。况且，自己的姐姐万贵妃曾经害死朱祐樘的母亲纪氏，这份仇恨之深，可以想象。于是，万喜将自己的后事交代好，整理了东西，每天就蹲在监狱里，等待着自己的死讯。

但是，出乎万喜意料的是，这一天却迟迟没有到来，而且过了一段时间万喜竟然被释放了。

万喜不知道，自从自己被免官抄家入狱之后，众大臣曾接连上书，要求明孝宗将他满门抄斩，以报当年杀母之仇。但是，朱祐樘却扣留了所有的奏折，他希望，一切到此结束。

你们这些臭虫，死去

紫禁城的宫门外，年轻的朱祐樘正在着急地望着远方，等待着一个人的归来，朱祐樘为他准备了盛大的欢迎仪式。终于，随着一阵吱吱呀呀的车轮声响，怀恩的轮廓渐渐在他的眼前清晰起来。

曾经是他，为了保护与汪直作对的商辂等大臣，而在皇帝面前百般周旋；也是他，为了保住朱祐樘的太子地位，不惜直言犯上，与明宪宗据理力争而被发配至凤阳做苦役。

怀恩一下车，明孝宗就连忙上前握住他的手。已经年过七十，头发花白的怀恩老泪纵横，连连推辞。但是，明孝宗毫不犹豫，仍亲自搀着他一起走进了宫门。怀恩被召回之后，恢复了司礼监的原职，成为太监中的第一把手。而他的亲信陈准、萧敬等人也相继执掌了大权。

在请怀恩还京的同时，朱祐樘还妥善安顿了抚养自己长大的吴皇后。

虽然在自己与父亲相认后不久，生母纪妃就已经死了。但是，朱祐樘没有忘记，当年是谁曾经用自己多年来的微薄积蓄抚养自己长大，教导自己读书明理。虽然，当时的动机并不一定单纯，但对多年来的养育之恩，朱祐樘一直感念在心。于是他将吴皇后从冷宫中接出。此时的她，年华已逝，人老珠黄。只当了几个月的皇后，就被冷落在深宫中的她，如今被朱祐樘当作自己的母亲来奉养。

现在，僧道势力消灭了，传奉官清除了，成化一朝最荒唐无耻的势力已经被肃清。但是，朱祐樘知道，这些其实都只是所有问题中最容易解决的一部分，真正的困难才刚刚开始。这一切，绝不能操之过急。

这个棘手的问题便是内阁。

此时的内阁在万安的统领下，已经完全是一个烂摊子。所谓的"纸糊三阁老，泥塑六尚书"，绝不是徒有虚名。他们不做任何的实事，天天混吃混喝过日子，但是如果事情一旦关系到自己的切实利益，这帮老油条马上又会变得极富斗争经验。就比如说淫僧继晓案，明明皇帝早已下令严惩，但上上下下你推我我推你，没有一个人真正动手，导致继晓回到家乡逍遥了一年多，才在自己的厉声呵斥下被正法。这样的内阁，要之何用？

但是，法不责众。在宪宗皇帝的纵容下，这帮满口仁义道德的官僚大多只知拿钱不知办事，已经逍遥久了。而且他们彼此之间拉帮结派，关系复杂，一旦发生集体罢工，朝廷的事情就真的没人做了，国家还怎么运转？所以将他们通通赶走是绝对行不通的，一定要想出一个切实可行的办法来。

还没等朱祐樘动手对付他们，这帮人就已经按捺不住了。成化二十三年（1487年）九月二十二日，朱祐樘登基即位仅十五天，以万安为首的内阁以及吏部、户部、礼部、兵部、刑部、工部六部尚书,集体上奏折请求辞职。其实,这只是朝臣们看朱祐樘大规模改革,怕殃及自己的利益,而给皇帝的下马威而已。他们知道,先皇尸骨未寒,朱祐樘年少登基,留下的烂摊子总得有人收拾。如果小皇帝一下子把人全轰走了,新来的人不熟悉工作,谁还能替他干活?

朱祐樘接到奏疏后,冷冷一笑。他将这帮人叫到面前,二话没说,好好地表扬了一番,说他们个个勤勉踏实,都是国家的治世能臣。

在之后的一段时间里,朱祐樘对这帮人也表达出了莫大的信任,不仅时常召见,而且极为虚心,经常出言勉励,还给了他们各种各样的好处。于是,"纸糊三阁老"和"泥塑六尚书"安心了。在他们看来,弘治朝和成化朝没什么两样,他们还是可以这样继续拿着俸禄,安心地混下去。

但是,这样的好事只持续了不到一个月。成化二十三年(1487年)十月,万安向先帝明宪宗呈送房中术书籍事件爆发,朱祐樘以惊人的速度将万安赶出了内阁。而曾经依附在万安身边的党羽们,无一人为他求情。毕竟,向皇帝呈送这样污秽不堪的东西,传出去也是一件相当丢人的事情。但是,万安倒台后,他们也一个都没落下,彭华、尹直等人相继被罢免,万安安插在六部和地方的亲信,无一人漏网。

万安就这么滚了。说到底,他只是个无用的小人而已。

万安走后,"纸糊三阁老""泥塑六尚书"一个接一个地离开了中央枢纽。最后,只剩下了一个人。自从万安离去,他就产生了强烈的兔死狐悲之心，整天忐忑不安。这个人就是刘吉。

刘吉是正统十三年（1448年）进士。成化十一年（1475年），他与刘珝同受命兼翰林学士，入阁预机务，时任户部尚书、谨身殿大学士。多年来，他追随万安的脚步，与万安狼狈为奸，共同进退，因"多智数，善附会，自缘饰，锐于营私，时为言路所攻"，内阁同僚给他起了一个绰号叫"刘棉花"，"以其耐弹也"。那本献给朱见深的低俗作品，就是他同万安一起杜撰出来的。甚至在当时的官场上，刘吉的名声比万安还坏。自从明孝宗即位后，各类御史言官们抨击他的口水漫天飞，弹劾的奏章更是一封接一封地向他砸来。

刘吉眼看自己的情况不妙，决定换一副面孔。他将自己平日里的混世嘴脸隐藏得干干净净，开始按时工作，主动评议朝政，直言进谏，勤勉有加，大有一副鞠躬尽瘁死而后已的架势。朱祐樘要封张皇后的弟弟做官，他还故意上奏说太后在上，应该先封太后的亲戚才符合礼数，颇有一副直臣的风范。

很快，刘吉便迎来了明孝宗对他的裁决：升任内阁首辅，总领百官。一夜之间成为一人之下、万人之上的人物，这下不光朝臣们呆了，连刘吉也呆了。万安下台，彭华被逐，梁芳下狱，和他们一伙的刘吉能保住性命就不错了，这下反而升官，小人居高位，这不是更大的祸害吗？到底是怎么一回事？

其实，自小在斗争中长大的朱祐樘，早就知道了刘吉是什么样的本性。他之所以提升刘吉，背后有着更为深远的考虑。

刘吉虽然说只是个混事的，但他在内阁多年，对于处理政务方面的经验也积累了很多，而且办事能力也强于万安之流，还有一套自己的人际关系网。现在上一届内阁的成员已经纷纷出局，如果连一个都不留下就彻底更换内阁班子，在交接方面会有极大的难度。因为毕竟熟悉新的工作环境需要时间。而且，明孝宗也没有让刘吉独当一面，继续作威作福。

就在提升刘吉为内阁首辅的同时，朱祐樘还暗地里做了另外两件事，那就是令吏部右侍郎徐浦和礼部右侍郎刘健入阁。他们二人与刘吉，一同组成新一届的政府。而徐浦与刘健，都是朱祐樘从太子时代开始就十分倚重的能臣。从此以后，内阁的政务大事，基本都出于这两人之手，内阁首辅刘吉虽然在高位，但已经完全被架空了。

果不其然，刘吉对于新加入的两位内阁成员表现出了极大的热情，一心一意地指导工作，凡事也从不自作主张，而是与这两位新人商量决定。他只希望自己能够在明孝宗的手下安安分分地过好日子就万事大吉了。于是，新一届的大明政府在极为和谐的气氛中开始了新的工作。

为了表现自己悔改的诚意，刘吉还揭发了一大批成化时代劣迹斑斑的官员。于是，一大批冤假错案得到了纠正，一大批曾经遭排挤陷害，甚至包括被刘吉本人陷害的忠臣良臣也得以官复原职。最倒霉的是山东、河北、江苏的几位官员，他们本来都是刘吉多年来的亲信，却一股脑儿全被刘吉出卖了。不仅如此，在刘吉的配合下朝廷还追回了大量赃款。

刘吉清楚地知道皇帝的心思。虽然朱祐樘是一心要为这些人平反的，但这一平反，一定会涉及一个问题，那就是怎么样在给官员平反的同时保住父亲明宪宗的面子。这让朱祐樘一度感到十分棘手。比如说成化朝一个叫贺钦的给事中，就因为阻止朱见深"弘扬佛法"，而被革职免冠。对于这样的问题，刘吉早就想好了主意，他提示朱祐樘，诸如贺钦之类的人物，可以公布天下说当年先帝其实也很欣赏他们，革职免官只是为了能让他们多加历练，经受磨难，将来才能委以重任。现在请皇上重新启用他们，也是为了不负先皇的苦心。

刘吉的这个马屁拍得朱祐樘满心欢喜，但依然没能蒙蔽朱祐樘的耳目。没过多久，朝政已经基本稳定，国家机器开始正常运转。而此时庶子张升、御史曹璘、御史欧阳旦、南京给事中方向、御史陈嵩等又开始相继弹劾刘吉。于是，一怒之下，"中升逐之。数兴大狱，智、向囚击远贬，洪亦谪官"。朱祐樘也就趁机将刘吉赶回了老家。

事情至此，成化一朝的腐朽内阁已经被清理一新。朱祐樘望着自己苦心经营的成果，满心欢喜。他已经准备好在这个全新的平台上，迎接更多的挑战。

祖宗之法也得变

弘治十三年（1500年）二月，明孝宗听从给事中杨廉的建议，更定刑部条例，首开以例代律的先例。

明朝建立后，明太祖朱元璋以《唐律》为基础，斟酌损益，一部明朝各代都要遵循的《大明律》便制定了出来。由于朱元璋规定《大明律》不能更改，所以随着时间的推移，以后的各朝或律外起例，或因律起例，或因例生例，从而使断狱的条例愈来愈多。条例多了，官吏不仅难以掌握，而且难以操作，这就使得在断狱过程中，处理不公现象很多，许多奸官甚至以此谋权夺利，为自己判案提供有利的依据。

时至明朝中期，由法律而产生的弊端日渐突出，以至于到了非改革不可的地步。事实上，明孝宗对这一点也看得非常清楚，所以他常常针对"情重律轻"或"情轻律重"的现实，实施变通的办法，尽力使情法适中。不过，这并不是长久之计，比较完善的是从制度上确定律例并行，以例辅律，以例补律。

弘治四年（1491年）二月，刑科给事中韩佑上疏孝宗皇帝，请求将成化元年（1465年）以后现行断案事例斟酌轻重，选取其中好的条例，分为六目，与《大明律》并行于世，以便天下百姓共同遵循。弘治五年（1492年）七月，南京户科给事中杨廉以灾异上疏言六事，疏中也说："这些年来，条例过多，导致判官对条例不知或不明白，或任意做出判决，虽然条例是相同的，但处罚却有很大出入。"故此他建议孝宗皇帝命令"三法司与衙门共同商讨，将旧例的律条取其十分之一，并与《大明律》一同实行"。他的建议被明孝宗所采纳，他命刑部尚书彭韶删定了《问刑条例》。

弘治十三年（1500年），杨廉再次上疏孝宗皇帝，"从洪武年间到现在一百三十年来，《大明律》已经实施很久，其中条例也渐渐增多。近令法司详议，汰其烦琐"，鉴于"只有懂法的人才可以议论法律，清楚的人可以拟写律条"，他又建议孝宗"将明白事理之人来打理律事，以简便为主，去除一些冗杂的东西，补充法律的不足，让官员们能够有法可依"。明孝宗再次接受了他的建议，令刑部尚书白昂会同部院大臣共同商讨后，选择了历年问刑条例中经久可行的二百七十九条条例，并向孝宗皇上说明。孝宗表示同意，下诏令与律并行。从而确立了以例辅律、律例并行的制度。

《问刑条例》经过删改修订，不仅避免了问刑之官不熟知条例、罪同罚异的现象，而且使情法适中，避免重蹈历代"情轻律重"或"情重律轻"的覆辙。

第四章

正德朝的光荣败家史

我的爱好是娱乐

正德元年（1506年），朝堂之上。

弘治时期叱咤风云的三位阁老面对面站着，双方都瞪着眼睛，满脸通红。很显然，他们之间刚刚发生了很大的争执。

弘治十八年（1505年）五月初七，为国为民操劳一生的明孝宗终于走到了生命的尽头。在死前，他望着跪在脚边、满面泪痕的三位大臣刘健、谢迁和李东阳，用尽自己毕生最后一点力气，嘱咐道，"东宫年幼，好逸乐，先生辈善辅之"，说完便溘然辞世，时年三十六岁。

"明有天下，传世十六，太祖、成祖而外，可称者仁宗、宣宗、孝宗而已。仁、宣之际，国势初张，纲纪修立，淳朴未漓。至成化以来，号为太平无事，而晏安则易耽怠玩，富盛则渐启骄奢。孝宗独能恭俭有制，勤政爱民，兢兢于保泰持盈之道，用使朝序清宁，民物康阜。"（《明史》）可见他在人们心目中地位之崇高。

明孝宗因用自己短暂的一生中所建立的辉煌功绩而流芳千古。

在他的带领下，明朝已经进入了最鼎盛的时期，国库充盈，百姓安康。但是，临死之时，仍有一件事情实在是让他放心不下，这就是他的儿子，后来的明武宗朱厚照。

朱厚照生于弘治四年（1491年），是明孝宗的长子。

朱祐樘一生只宠爱张皇后一人，这一直是满朝文武的一个心结。他们结婚多年，仍无子嗣，这可是关系到国家将来的命运的大事。为了江山社稷，朝臣们如雪花般的奏折不断地往朱祐樘案前送，希望朱祐樘多纳嫔妃。但这个朱祐樘死心塌地只要张皇后一人，朝臣们好说歹说，就是不再娶。这次张皇后得子，终于了却了朝臣们的心结，从此他们不再烦着朱祐樘纳妃，而朱祐樘也正好可以和张皇后安安稳稳地过日子。

朱祐樘给这个儿子取名为"照"，寓意为"四海虽广，兆民虽众，无不在于照临之下"。后来朱祐樘再次得子，取名朱厚炜，却很早就夭折了。朱厚照便成为明孝宗夫妇二人的独生儿子。最重要的是，他还是大明王朝迄今为止九代人中，唯一由正妻所生的嫡长子。在他之前从建文帝朱允炆、成祖朱棣直到孝宗朱祐樘，都是嫔妃所生。这下，大明王朝终于有了一个绝对名正言顺的皇位继承人，朱祐樘心里怎能不乐开花？

朱厚照理所当然地成了孝宗和张皇后的掌中宝，从小娇惯异常，真是含在嘴里怕化了，捧在手里怕摔了。才两岁的时候，他就被自己的父亲迫不及待地加封为皇太子。

令朱祐樘和张皇后感到欣慰的是，这个孩子十分聪明。他双眼炯炯有神，怎么看怎么透着一股灵气，"粹质比冰玉，神采焕发"。从小不管别人教什么，都是一点就通。于是，在他8岁的时候，朝臣们就建议明孝宗让太子出阁读书。

每天，朱厚照的身边都会有十几位官员陪伴他读书，这些人都来自翰林院，其中还包括了著名的三人团队刘健、谢迁和李东阳。朱厚照也不负众望，前一天讲官教给他的东西，第二天就能倒背如流。只用了几个月，宫廷中的各项繁文缛节、礼法家规就全部掌握了。明孝宗前来检查他的学业，他率领文武官员迎送，没有任何失礼的地方。不管是朱祐樘还是当时的文武百官都相信，有朝一日，这个孩子会像他的父亲一样，成为一位有道明君。

令人大跌眼镜的是，随着朱厚照渐渐长大，他们发现，这个太子距离他们心目中的有道君王，开始越来越远。

朱厚照的父亲朱祐樘，是一个从小在孤独中长大的人。他习惯了压抑自己内心的感受，喜怒从不形于色，从不让别人知道自己到底在想些什么，而对于身边的大臣们，表现出的则是发自内心的尊敬。他用一个有道明君的标准严格地克制着自己的行为，无论他们说什么，怎样说，他的反应永远是恭敬而谦和的。他深知自己曾经受过什么苦难，所以希望自己的孩子永远远离这些苦难。因此，他不仅对朝臣宽容，对待自己的独生儿子，更是前所未有的宽容。

朱祐樘并不干预未来帝国的继承者自由玩乐的时光，也从不板着脸逼他读书习字，只是每次与朱厚照单独在一起的时候，才会悉心地劝导他什么该做什么不该做，如果一旦做了不该做的事情，就会被言官们纠劾。朱厚照不解，他认为六科官员都是父亲的臣下，为什么父亲还要怕他们呢？每到这时，明孝宗都会轻声告诉朱厚照，一旦当皇帝的不能谨言慎行，大臣们纠正的奏章就会压得人喘不过气来。

朱祐樘的本意，其实是想让朱厚照明白，怎样用一个君王的标准来约束自己，但是在年幼的朱厚照心里，却产生了另外一种直觉，就是对大臣的反感。正是这些讨厌的大臣，让自己不能够自由自在地生活。

朱厚照虽然很聪明，但他丝毫不喜欢读书，尤其不喜欢什么圣贤之道。他的爱好极其广泛，踢球、音乐、字画无一不钻。大臣们开始上疏，要求太子回归正道，不要让这些杂七杂八、不务正业的瞎折腾把太子的学业耽误了。这一切朱厚照知道后，更加深了对大臣们的反感。

与之相反，在朱厚照的童年生活中，太监们扮演了一个令他非常愉快的角色。他们不会阻止朱厚照做任何事情，无论什么，都顺着他的心意，陪着他玩不说，更不会逼着他去学什么所谓的圣贤之道。久而久之，朱厚照慢慢地和他们打成了一片。

弘治十八年（1505年），孝宗皇帝死了。年仅十五岁的朱厚照从贪玩的皇太子一下变成了肩负重任的一国之君。五月十八日，朱厚照正式即位，次年改年号为正德。

这两个字用在朱厚照身上，可谓极大的讽刺。他的一生，与"正"和"德"简直是一点儿都不沾边。不过此时，事情才刚刚开始。刚一即位的朱厚照心中一片茫然，根本不知道皇帝是怎么当的。但是没关系，当年的三位重臣阁老此刻都围绕在他身边。他们会一步一步地告诉这个小皇帝，一切应该怎么做。而这时的正德皇帝也并未表现出怎样的反叛，一切都在中规中矩中运转。

朱厚照对于当时颇具美名的三位遗老大臣，可谓言听计从。但是，没过多久，他们之间的问题便接二连三地爆发出来了。由于这三个人习惯了弘治皇帝的办事方式，于是便将这套理论原封不动地加在了年轻的正德皇帝身上，不论大事小事，总是咄咄逼人。朱厚照对于大臣们本来就反感，这样一来，更是对他们不满之极。最让朱厚照受不了的，就是定期举行的经筵。

明朝所谓的经筵，常常在文华殿举行。这个活动一般都是群臣向皇帝说教和讲学，告诉他什么该做什么不该做。正德皇帝对于这个无聊又没有实际意义的活动大为反感。再加上年轻又贪玩，能勉强做到每天按时上早朝就已是难得的了，于是他便经常找寻各种借口不去参加经筵。

朝臣们对皇帝的行为十分不满，各种各样的劝谏书不停地往朱厚照眼前飞，三位顾命大臣苦口婆心地一遍又一遍坚持力请。这一次，朱厚照终于认识了大臣们的厉害。由于从小被娇宠惯了，他虽然重开了经筵，却也产生了强烈的逆反心理。相比之下，宦官们就可爱多了。从此，他暗下决心，要和这帮老顽固们作对到底。

豹房是个"好地方"

正德元年（1506年）八月，按照大明皇室的礼节，新皇帝朱厚照举行大婚典礼。他的皇后姓夏，是一位文雅端庄、温柔贤淑的民间女子。婚后的朱厚照对这位新娘似乎并没有太大的兴趣，不久之后，他又陆续纳了两位嫔妃。不过，宫廷中的女子显然不符合朱厚照喜欢新鲜刺激的性格。没过多久，这两位妃子也被冷落一旁。此时明武宗的心，已经完全被一个全新的浩大工程所占据了。

这个工程，就是豹房。

按照明代的规矩，皇帝登基后，须住在乾清宫。但是，乾清宫是一个庄严冰冷的所在，爱热闹的他对于这个地方，真是一点儿都不喜欢。在这位皇帝的眼里，乾清宫就像一个巨大的笼子，在这里整天面对的不是三位大臣没完没了的唠叨，就是夏皇后冷冰冰的脸庞。而且乾清宫戒备森严，连侍奉在身边的太监宫女都不能随便进出，更何况那些他喜欢的各种游伴和艺人呢？

乾清宫既束缚着他的四肢，也束缚着他的思想。因此，做了皇帝还没几天，朱厚照就开始酝酿着建造一个全新的、可以充分满足他身心要求的所在。

经过朱厚照的亲自调查和选址，他决定将新的游乐地建在西华门外的太液池。这个地方曾经是皇宫饲养一些珍禽猛兽之地，皇帝处理朝政累了，就来这里参观赏玩，到了朱厚照时期，动物已经都没有了。他看这里距上朝的地方路途并不远，便再次破土动工，将此地整修扩建成为一个新的别院，盖好后命名为豹房。从此，乾清宫形同虚设。明武宗不仅在豹房生活居住，游乐嬉戏，甚至还在这儿批阅奏章，召见臣工，俨然已经将明代的政治中心移到了豹房。

豹房的建设耗费了国库存银二十四万两之多，朱厚照亲自精心设计了豹房的建筑格局和陈设。豹房中，不仅有华美的娱乐之地，还有佛寺、校场，甚至有许多密室。

除了在豹房中养着各种歌妓、伶官、乐户、道士、僧人、演员小丑等人之外，无论是什么样的三教九流，只要能投武宗所好，都被他送进了豹房。朱厚照对音乐有着很强的感悟力，在他的带领下，这些乐师组成了一个庞大的乐队，时常排练歌戏。由朱厚照亲自作词谱曲的《杀边乐》，后来在明代的教坊司流行了相当长的一段时间。

明武宗还将他所收养的义子们通通藏纳在豹房之中。在即位的短短十几年中，明武宗共收养了一百二十多个义子，并且在正德七年（1512年），一次性将这些人全部改赐朱姓。他们虽然来路不同，但无一例外，都是奸佞之徒。其中最受朱厚照喜爱的就是江彬。

江彬原为边关将领，曾在蓟州杀了一家二十余口人，还诬陷他们为贼寇，换得了重赏。后来在一次镇压反贼的过程中，他独当一面，身中三箭仍然毫无惧色，其中一支射中他的脸，他拔下来继续战斗。虽然如此神勇，但江彬仍是一个无耻小人。这件事被崇尚武力的朱厚照知道后，十分佩服江彬的勇气，专门召见了他，相谈之后，朱厚照发现这个江彬深合自己的心意，便把他留在了身边。这样的人，在豹房中多不胜数。

说到朱厚照的崇尚武力，还有一事不能不提，那就是他有着一项极为特殊的爱好——与各种动物搏斗，即使身受重伤也毫不在意。有一次，他正在豹房中戏弄老虎，谁知这一头平日里极温顺的动物忽然兽性大发，直向朱厚照扑来，慌忙之中他连忙向周围的人大呼救命。但周围的人却谁都不敢上前帮忙。情急之下，江彬挺身而出，才救了明武宗一条命。虽然每次想起都心有余悸，但这次教训依然没有让他对这种与动物搏斗的爱好有所收敛，仍然是自吹自擂，到处逞能。

朱厚照就这样每日每夜地待在豹房，广招乐妓，夜夜笙歌，荒淫无度。有一年元宵节放烟花，一个不慎乾清宫被烧着了，火势迅速蔓延。作为一国之君的朱厚照竟然匆匆忙忙地跑到了豹房的高处，带着几位美女观看，边看边谈笑风生，赞叹这一壮观的景象。

自从有了豹房，朱厚照对后宫嫔妃几乎丧失了所有的兴趣，他很少出现在后宫，而是将所有他亲自挑选的、为他所爱的女子送进豹房。一时间豹房美女如云，不仅有中原美女，更有一大批异邦美女，连寡妇、妓女等只要满足朱厚照的审美，也一样被养在豹房。但是时间长了，明武宗渐渐开始腻烦起来。江彬猜到了朱厚照的这一心思，于是想出了一个新的招数来哄皇帝开心。

夜里，他与朱厚照都换上便装，悄悄溜出了皇宫，来到京城的繁华之地，吃酒听戏，还逛了妓院。趁朱厚照高兴，江彬附在他的耳边，告诉他后军都督府右都督马昂有一个妹妹，生得美若天仙，不仅会演奏胡乐，还擅长骑射，懂得外邦语，但她已经嫁给了一个叫毕春的人，并且怀有身孕。

色胆包天的朱厚照毫不在意，马上下诏让这位孕妇进宫。谁知江彬见她风姿秀美，竟先占为己有，多日之后才送入宫中。朱厚照权当不知，依然喜爱备至，还给已经被革职的马昂升了官。

这件事很快传到了朝臣耳中，举朝震惊。朱厚照再怎么胡闹，他们都忍了，但带一个有身孕的女人回宫，这可是关系到皇室血统纯正问题的国家大事。批评的奏折又开始一篇连着一篇地往朱厚照眼前送。对这件事，朱厚照心里也明白自己是做错了。带回这个孕妇之后，没过多久他就厌倦了，所以在大臣的执着进谏下，将马昂的妹妹送出了豹房。朝野上下终于松了口气，但好景不长，朱厚照又带回来了让大臣们无法忍受的女人。

正德十三年（1518年），朱厚照在江彬的带领下到大同游玩。回京的途中下榻太原，又征集了一大批美女和乐师。当时，晋府有一个乐师叫作杨腾，他的妻子刘氏被朱厚照一眼看中，当即便带回京城，并将她安置在豹房的腾沼殿中，"与诸近幸皆母事之，称曰刘娘娘"。武宗对这个刘娘娘表现出了前所未有的热情，关怀体贴备至。不论宫中谁犯了错，只要刘氏一说情，朱厚照便立即免除他的罪责。

正德十四年（1519年），朱厚照筹划南巡，打算把她带在身边，但恰巧此时刘娘娘生病，朱厚照只好先行出发。两人约定，以一只玉簪为信物，待刘娘娘病好后，朱厚照派人来接她。谁知朱厚照在路上不小心将玉簪掉在了河里。

抵达山东临清后,他便派使者回去接刘娘娘,虽然信物没了,他想自己都已派出了最亲近的使者,刘氏见了也会跟着来。谁知这个刘氏极其固执,见没有信物,死活不肯走。明武宗果然是不同于一般的人物,接到这个消息,立即起身返京,前后花了一个月的工夫,才将刘氏接回来。自从有了刘氏之后,这个风流好色的明武宗似乎也开始专情起来,二人不论早晚都是同出同入,刘氏也因此成为正德皇帝一生中最为宠爱的女子。

朱厚照沉溺在声色犬马之中,大臣们甚至很多年都难见他一面。正德十一年(1516年)元旦举行庆贺大典,文武百官和外藩使臣一大早便冒着寒风在宫外等着向皇帝朝贺,而明武宗一直睡到下午才懒洋洋地起了床,"日晡礼始成。及散朝,已昏夜"。在宫外站了一天的文武百官饥寒交迫,散朝后个个如蒙大赦,"众奔趋而出,颠仆相践踏"。将军赵朗因为站了一天,力气耗尽,慌乱之中被人挤倒,竟活活被踩死在禁门之内。

武宗皇帝就这样一天一天地混着日子。终于,他对这些玩法也渐渐腻烦了。他决定一个人偷偷溜到宫外去看看,说不定有什么新的收获。

皇帝要出关

正德十二年（1517年）八月的一天，北京城里烈日炎炎，大街小巷一片宁静，而紫禁城里却如同炸开了锅。大臣们有的捶胸顿足，有的唉声叹气，有的甚至老泪纵横。原来，明武宗突然不见了。

皇帝不见了，这可是关乎国体的大事。他们急得到处打听，终于在朱厚照的贴身侍卫那里得知，皇上昨晚出宫了。

朱厚照的这次出逃，其实已经酝酿已久。他早就想去北边看看边塞的壮观景象。依照明武宗好武的性格，他更想亲自上战场，与北方的鞑靼、瓦剌等搅得明王朝日夜不安的敌人拼个你死我活。但是要让这帮老顽固同意自己离开北京，那简直是痴人说梦。

在一番思量后，他在自己的宫中偷偷选了一批人，排兵布阵，日日操练。在正德五年（1510年）平定刘六、刘七起义时，朱厚照发现驻守内地的军队的战斗力比起边防军来，实在是不堪一击，于是，他暗地里把边防军中的一部分调到京城，以增强京军的战斗力,再将一部分京军调到边地加以磨炼。

这些边军到京后,成了朱厚照自己指挥的私人军队,经常在他的带领下互相击杀,如同军事演习一般,由此可见朱厚照对军事的狂热兴趣。但是,现在的明朝边关安定,实在没有朱厚照的用武之地。

正德十二年(1517年),鞑靼部落赫赫有名的小王子入侵。这个小王子在成化和正德年间,是让上至皇帝下至朝臣都十分头疼的人物。只要他一来,烧杀劫掠,无恶不作,每次都要搅得边关诸地鸡犬不宁,东西抢够了,才策马返回。

好武的朱厚照早就想见识见识这个小王子了。这一次小王子来了,他定不能错过这个和他短兵相接的机会。但他知道,朝廷里那帮固执的大臣肯定不会同意他去的,于是在江彬的蛊惑下,两人轻装简行,趁着月黑风高,就这样出发了。

皇帝跑了,朝臣们心急得不得了。万一出了什么事如何了得?内阁大臣梁储、毛纪和蒋冕知道后,不敢迟疑,上马便追。好在人并没有走多远,才到昌平,他们便和朱厚照相遇了。

一看到皇帝,三人下马就拜,劝朱厚照赶快还朝。然而朱厚照见小王子的愿望实在是太迫切了,倘若就这样回去了,实在是不甘心。于是,任凭几位老臣跪在地上好说歹说,他就是不听,策马扬鞭,一直跑到了居庸关。三位大臣立即派人火速前往居庸关,将朱厚照的行程告诉当地守军,他们觉得或许还可以有一丝拦住皇帝的希望。

果然,大臣这一关虽然过了,居庸关这一道门坎朱厚照却无论如何过不去。

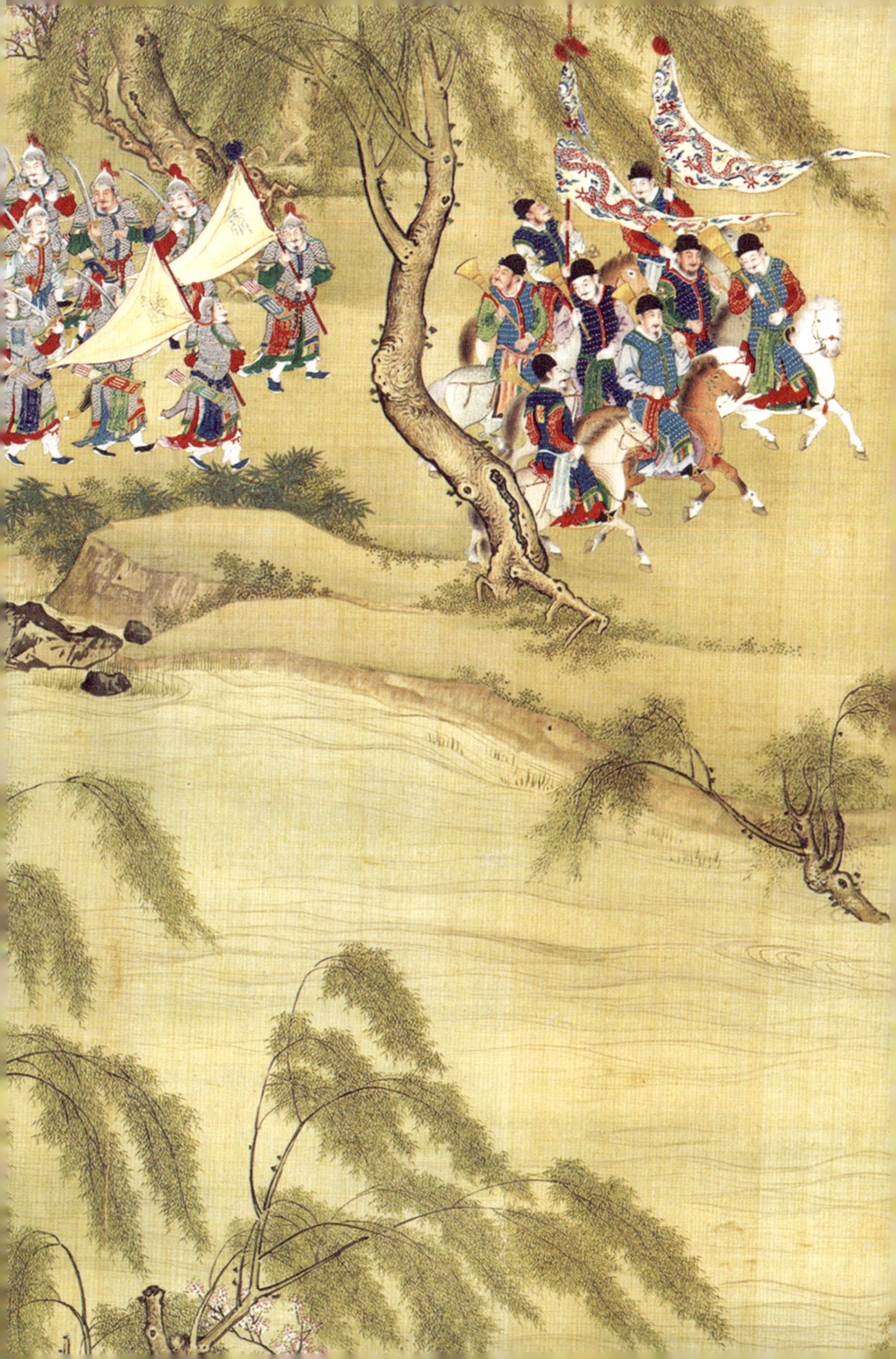

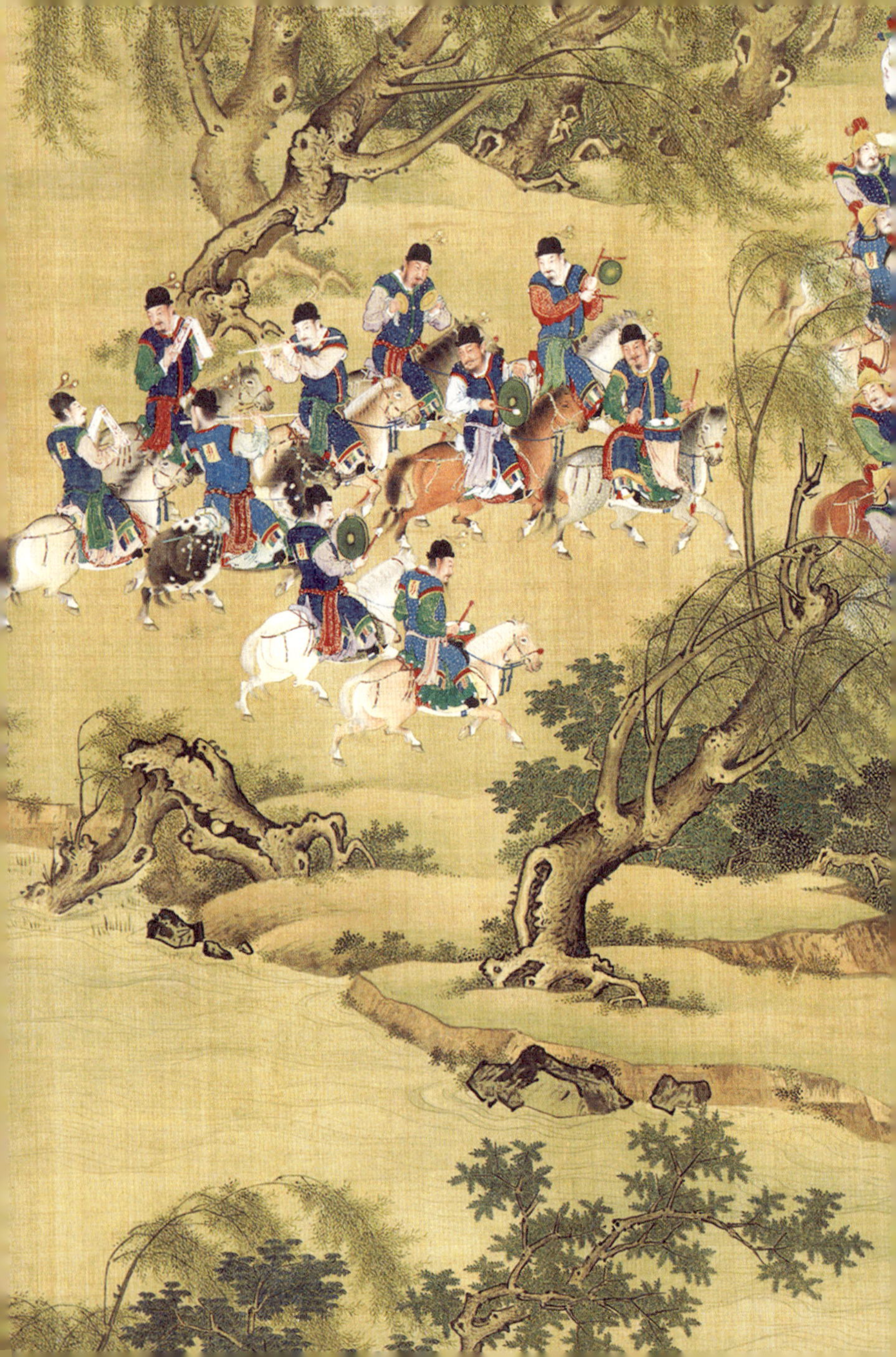

朱厚照抵达城门之下后，喝令巡官御史立即开门。当时的巡官御史名叫张钦。他看皇上来了，下令让指挥官孙玺将城门紧闭，还将城门钥匙藏起来，谁都不准放行。

原来，这个张钦早就向朱厚照呈递过奏折，劝他不要贸然出关。

张钦在奏疏中写道："臣闻明主不恶切直之言以纳忠，烈士不惮死亡之诛以极谏。比者，人言纷纷，谓车驾欲度居庸，远游边塞。臣度陛下非漫游，盖欲亲征北寇也。不知北寇猖獗，但可遣将徂征，岂宜亲劳万乘。英宗不听大臣言，六师远驾，遂成己巳之变。且匹夫犹不自轻，陛下奈何以宗庙社稷之身蹈不测之险。今内无亲王监国，又无太子临朝。外之甘肃有土番之患，江右有辇贼之扰，淮南有漕运之艰，巴蜀有采办之困。京畿诸郡夏麦少收，秋潦为沴。而陛下不虞祸变，欲纵辔长驱，观兵绝塞，臣窃危之。"

张钦为了说服朱厚照，连明代帝王们最不愿提及的土木堡之变都搬出来了，可见他是下了很大决心，冒着罢官危险竭力进谏。谁知明武宗接到奏折便丢到一旁，不再理睬。张钦见奏折石沉大海，没有善罢甘休，又递上了一封："臣愚以为乘舆不可出者有三：人心摇动，供亿浩繁，一也；远涉险阻，两宫悬念，二也；北寇方张，难与之角，三也。臣职居言路，奉诏巡关，分当效死，不敢爱身以负陛下。"

朱厚照看了，又是置之不理。他心意已决，任凭谁，都别想让他放弃出关的念头。

终于，朱厚照与张钦狭路相逢了。

张钦任凭朱厚照在城门下大呼小叫，就是不予理睬。这时，一个名叫刘嵩的分守中官说话了,他委婉地劝诱张钦说好歹也应该去朝拜一下皇上,但张钦立即阻止他道:"车驾将出关,是我与君今日死生之会也。"

张钦的考虑是,依照现在的局面,如果他不开门,这就违背了天子的命令,照礼,他一定是死罪;但是如果开了门,武宗的车驾出居庸关,那可就世事难测了。万一再发生土木堡之变这样的事情,那就是千古罪人了。左右也是死,还不如不开门,宁愿就这样死了,还能够得到一个名垂青史的声名。

张钦令手下人看好城门,自己手持一把刻有敕印的长剑,索性就坐在了居庸关的城门下,还义正词严地对朱厚照说:"敢言开关者,斩。"朱厚照拿他没办法,只好软磨硬泡地求情。而张钦不为所动,到了夜里见皇帝还是不肯走,连夜草草写了一封奏疏递到城门下,上面写着:"臣闻天子将有亲征之事,必先期下诏廷臣集议。其行也,六军翼卫,百官扈从,而后有车马之音,羽旄之美。今寂然一不闻,辄云'车驾即日过关',此必有假陛下名出边勾贼者,臣请捕其人,明正典刑。若陛下果欲出关,必两宫用宝,臣乃敢开,不然万死不奉诏。"

朱厚照真的生气了。他回头告诉身边的随从朱宁,马上把这个不知天高地厚的御史给杀了!

眼看张钦的命即将不保,救星从天而降,追赶朱厚照的文武官员已经抵达了居庸关。朱厚照原本就自知理亏,在群臣的百般劝说之下,终于怏怏不乐地回到了皇宫。

跟小王子干上了

正德十二年（1517年）十月二十一日。明军与小王子统率的鞑靼部队展开了一场激战，双方你来我往，僵持不下。这时，只见远处一匹高头大马飞驰而来，马背上坐的是一个戎装重甲的男子，他手持一柄长剑冲入人群之中，当即砍死一名鞑靼兵，战场上的局面也随之发生了逆转。

这个人，便是明武宗朱厚照。其实，朱厚照与小王子的恩怨从他登基的第一天就已经开始了。

说到小王子，在历史上可是威名赫赫，但其实小王子并不是一个人，而是一群人，只是他的祖祖辈辈在明代的官方史书上，都被称为小王子而已。关于小王子，最早可以追溯到宣德时期。土木堡之变后，也先的势力大不如前，不久就被自己的部下阿剌知院杀掉。后来鞑靼部长孛来复攻破阿剌，求脱脱不花子麻儿可儿立之，号小王子。阿剌死了，而孛来与其属毛里孩等皆雄视部中，鞑靼部落开始重新兴盛起来。

明英宗复辟之后,他们又对明朝发起过一些进攻,都以明朝落败告终。到了天顺五年(1461年),"寇入平虏城。时麻儿可儿复与孛来相仇杀。麻儿可儿死,众共立马古可儿吉思,亦号小王子"。从此以后鞑靼部落的各位首领各自掌控本部落大权,"稀通中国,传世次,多莫可考"。到了正德年间,愈加强大起来,时常出现在边境,烧杀抢掠。随手翻开《明史》,都可以看到关于这位小王子的记载。成化十九年(1483年),"迤北小王子犯大同。癸卯,总兵官许宁御之,败绩"。成化二十二年(1486年)秋,"小王子犯甘州,指挥姚英等战死"。弘治十三年(1500年),"小王子以十万骑从花马池、盐池入,散掠固原、宁夏境,三辅震动,戕杀残酷"。正德四年(1509年),"小王子犯延绥,围总兵官吴江于陇州城"。嘉靖十六年(1537年),"小王子犯庄浪"。

这些"丰功伟绩"可谓是数不胜数,但是,大臣们头疼,祖先和后人头疼,朱厚照可不头疼。他为自己能遭遇这样一位杰出的军事人才而欢欣雀跃,他认为只有生在这样的时局下,才能展现出自己的真正军事天才和战场雄风。

朱厚照即位之初,他派兵与小王子作战,大败。"指挥刘经死之。复自花马池毁垣入,掠隆德、静宁、会宁诸处,关中大扰。"正德四年(1509年),又派总兵马昂与小王子的一个别部亦孛来在木瓜山作战,小胜。"斩三百六十五级,获马畜六百余,军器二十九百余。"正德五年(1510年),"北部亦卜剌与小王子仇杀"。"亦卜剌窜西海,阿尔秃厮与合,逼胁洮西属番,屡入寇。"

鞑靼大军渐渐深入明朝内地,百姓不堪其苦。直到正德八年(1513年),"拥众来川,遣使诣翼所",他们向明朝廷提出,要求在边地放牧。眼看着洮、岷、松潘等地，从此没有安宁之日。

到了正德十年（1515年）八月，小王子又集结十万大军进攻明朝边境，气势汹汹。他们在明军的驻地附近安营扎寨，然后边走边抢边杀。而明军则吓得连连后退，不敢抵抗。

这次事件对朱厚照产生了极大的刺激，而此时的他，已经不是那个刚即位时在大臣面前畏畏缩缩的小皇帝了。他我行我素，再也不愿意忍气吞声，而要自己决定自己想做的事情。于是，便有了正德十二年（1517年）的第一次出逃。前文已述。这一次的逃跑以朱厚照全面失败而告终，却没有浇灭他与小王子较量的热情，不久他便再一次出逃。这一次，朱厚照终于躲过边关守将张钦，以"总督军务威武大将军总兵官朱寿"的身份，投入了他向往已久的战斗中。

正德十二年（1517年）十月，小王子终于来了。朱厚照得知这一消息，立即召集手下将领，开始着手准备迎战小王子的工作。经过激烈的讨论，朱厚照拍板制订出了最终的进攻计划。他首先将大同定位为这次军事行动的核心，然后在大同四周重要的据点聚落堡、天成卫、阳和卫、平虏卫、威远卫布置兵力，分别派遣辽东参将萧滓、宣府游击时春、副总兵陶杰、副总兵朱銮、游击周政等牢牢把守。而大同地区则由总兵官王勋统一领导，副总兵张锐和游击孙镇作为协助。

一些准备就绪后，朱厚照集结了六万明军，下诏令"总督军务威武大将军总兵官朱寿统率六军"，而随行的江彬则被任命为威武副将军。他亲自来到位于宣府和大同之间的顺圣川，严阵以待这五万鞑靼骑兵的到来。

十月十五日，鞑靼各部分道南下。这出乎朱厚照的意料，他考虑到朱銮和周政的北边防御比较薄弱，便命令时春和萧滓火速带兵前去增援。同时令大同参将麻循带领一支部队绕道鞑靼骑兵身后伏击，牵制他们南下的速度。小王子得知明武宗亲自到来，便重点攻击了他所在的应州。十月十八日，驻扎在应州西北，王勋所统帅的明军与鞑靼骑兵相遇，双方展开了激烈的战斗。

按照小王子的设计，他们准备在这一战得胜后，攻破雁门关与宁武关之间的长城，南下进入中原。朱厚照识破了小王子的阴谋，火速调集了其他各处的明军前来增援，不到一天即与王勋的主力会合了。由于明朝军队的指挥官是当今皇帝，他的出现让士兵们受到极大激励，他们突然间产生了前所未有的勇气，一个个拼死杀敌。小王子见势不妙，只好暂时撤军。

小王子的暂时撤军并没有让朱厚照满意。到了十月二十一日，他亲自带领明军边境上最有战斗力的军队与鞑靼小王子展开了决战。双方的总兵力相加已经超过了十万。朱厚照一马当先，明军奋勇杀敌，战斗进入空前激烈的状态。这场战争持续了整整一天。到了夜里，小王子实在坚持不住，仓皇而逃。朱厚照亲自率军前去追击，但因兵士疲累，加之刮起了沙尘暴，不利于作战，只得撤回了大同。

这一战后，除了给自己大加封赏外，朱厚照还给威武副将军江彬的子孙都封了官。"录应州功，封彬平虏伯；子三人，锦衣卫指挥"，其余"升赏内外官九千五百五十余人，赏赐亿万计"。

正德十三年（1518年），在江彬的引导下，朱厚照从大同出发，渡过黄河，先后游历了榆林、绥德等地。一路游玩，一路搜寻美貌女子。他在总兵官戴钦的府第看到人家的女儿长得漂亮，便立刻开口索要，然后带在身边。九月初二，朱厚照到达偏头关，停留了近一个月之久，在饱览了边关壮丽景色的同时，在太原"大征女乐"，得到了后来让他宠爱之极的刘娘娘。

正德十四年（1519年），在办完祖母的丧事后，朱厚照第四次回到了他在宣府的家——"镇国府"。还来不及歇脚，便任命江彬提督十二团营，自己则立即带领了一支多达一万七千人的军队开始巡边。由于朱厚照几次出巡都是偷偷溜出来的，身边没有文臣也没有史官，所以对他在北边究竟都做了什么，史料中很少有记载。

可以确定的是，这一次的出行，一共持续了五个月之久，走了一千多公里的路程。在这段行程中，朱厚照很少乘车，而是骑着马匹，挎着弓箭，冒着狂风暴雪历尽千难万险才走完全程。一路上他的随行人员一个接一个地病倒，朱厚照却凭借超凡的毅力和勇气，一直坚持到了最后。

这是朱厚照一生中最光彩夺目的岁月，不过回京之后，他对于北方的兴趣逐渐丧失了，再也没有产生过北上的念头。随着时间的推移，大臣们渐渐放心了，一个个满心欢喜，这个爱折腾的皇帝终于安分下来。谁知，这种安分只是暂时的，没过多久，朱厚照就向他们宣布了自己的最新决定——北方玩够了，下一次，要去南方。

把命玩丢了

正德十四年（1519年）二月二十五日，明武宗朱厚照忽然下发诏书，宣布他即将派遣总督军务威武大将军朱寿南巡，而且要"登泰山，历东京，临浙东，登武当山，遍游中原"。这下子大臣们傻眼了。他们的忍耐已经到了极限，忍无可忍之下，一场联名规劝朱厚照安于本分、别再闹事的好戏正式上演。

在大学士杨廷和的带领下，从六科言官到十三道御史，从京城官员到地方官吏，纷纷上疏阻止朱厚照出京。不仅如此，他们还把朱厚照多年以来所积累的恶习一个一个拿出来加以批驳，甚至把朱厚照说得极为不堪，大有一副明王朝再这样下去就要亡国的意味。可是，在北方的一番游历之后，朱厚照已经再也不能安安分分地在皇宫这个牢笼里待下去了。

为了让朱厚照打消出游的念头，大臣们有的在他面前长跪不起，有的一封接一封地上疏，更有的就在朱厚照面前号啕大哭，一把鼻涕一把泪。但不管周围的人怎么说，他就是不听。到了三月二十日，朱厚照的脾气终于爆发了。

这一天，一百多名朝廷官员齐聚午门，密密麻麻地跪了一地。原来，这些人都是上疏阻止朱厚照南巡的官员们。在江彬的挑唆下，这些朝臣不仅被罚跪长达六个时辰，在这之后还被朱厚照"各廷杖五十或三十"，再押入大牢。因为此事被打死的官员竟有11人之多，被贬谪者也有上百人。

这场闹剧结束了，朱厚照却犹豫了。他心中其实明白，这些人是对的。他们的所作所为，没有一个是为了自己。思考再三之后，朱厚照终于痛下决心，表示自己放弃去南方的念头。

但是，大臣们用血的代价换来的朱厚照的悔改之心只持续了两个多月。到这一年的七月，江西传来消息，宁王朱宸濠叛乱了。

宁王朱宸濠是明太祖朱元璋的五世孙。他见当朝皇帝即位以来一直荒淫无道，只知寻欢作乐，不理朝政，心中早就有了反叛之心。正德九年（1514年）开始，朱宸濠不断地向朱厚照身边的太监刘瑾以及近臣钱宁等人输送大量金银财宝将他们买通，时刻关注着朱厚照的一言一行。而且，他在自己的封地江西为这次反叛做好了充足的准备。

在江西，朱宸濠作威作福。"尽夺诸附王府民庐，责民间子钱，强夺田宅子女，养群盗，劫财江、湖间，有司不敢问。"还擅自杀害了朝廷官员都指挥戴宣，驱逐了当地的布政使郑岳、御史范辂，以及幽知府郑巘和宋以方，当地的副使胡世宁看不下去，一纸上疏，请求明武宗把宁王裁撤。谁知宁王恶人先告状，抢先一步向朝廷告发胡士宁。胡士宁被贬后，江西各官员再也没有人敢和宁王作对了。

正德十二年（1517年），内官陈宣和刘良上奏明武宗，说朱宸濠有谋反之心，但已经被他收买的钱宁等人一直在朱厚照耳边给宁王说好话，武宗也就没有再过问。朱宸濠怀疑这件事情是周仪说出去的，当即派人杀了周仪及其家属，可见朱宸濠心地的狠毒。

到了正德十四年（1519年），又有一名叫萧淮的御史上疏弹劾朱宸濠，"谓不早制，将来之患有不可胜言者"。内阁大臣看到奏疏之后，大学士杨廷和决定这件事参照明宣宗时期的先例，"命驸马都尉崔元、都御史颜颐寿、太监赖义持谕往，收其护卫，令还所夺官民田"，勒令宁王改过自新。朱宸濠提前听说了这些勋戚大臣将到的消息，觉得事不宜迟，当即选定自己生日那天在宁王府邸宴请当地土司和心腹大臣。

宴会上，酒过三巡，趁这些土司、大臣们已微有醉意，朱宸濠忽然间命军士牢牢地围住了他们，并高声宣称自己已得到太后密旨，命他带兵入朝。宴席间顿时一片窃窃私语。席间有两个人，一个叫孙燧，另一个是副使许逵。他们高声表示抗议，坚决不与朱宸濠同流合污。朱宸濠二话没说，拔起剑来便砍下他们的人头。其余不服之人如执御史王金、主事马思聪、参议黄宏、布政使胡廉、参政陈杲、指挥许金等也都被丢进了监狱。

正德十四年（1519年）六月十四日，一切准备就绪的朱宸濠打着讨伐荒淫无道的暴君明武宗的旗号，开始正式起兵。"参政王纶、季敩、佥事潘鹏、师夔，布政使梁宸，按察使杨璋，副使唐锦皆从逆。以李士实、刘养正为左、右丞相，王纶为兵部尚书，集兵号十万"，大举向中原挺进，一路所向披靡。"命其承奉涂钦与素所蓄群盗闵念四等，略九江、南康，破之。驰檄指斥朝廷。七月壬辰朔，宸濠出江西，留其党宜春王拱樤；内官万锐等守城，自帅舟师蔽江下，攻安庆。"

消息终于传到了京城。朱厚照听了，不但没有丝毫的忧虑，反而立即拍手称快。这一次，他终于找到南巡的最佳借口了。

他立即将文武百官召集到左顺门，商讨平叛方略。众人商议的结果，自然是要派人带兵出征。但带兵的人选递上去之后，大臣们迟迟都没有得到皇帝的答复。他们足足等了三天，才收到消息——朱厚照要亲自带兵上阵。其实，就在明武宗发布这道旨意的当天，朱宸濠叛乱已经被南赣巡抚佥都御史王守仁和吉安知府伍文定二人平定了。

朱厚照并不知道这件事。他已经完全沉浸在将要去往南方的喜悦之中。八月二十二日，他开始率领京师精锐部队数万人出发，一天后到达涿州，住在一个叫张忠的太监家里。就在这时，王守仁的捷报传来。明武宗看到捷报，心中五味翻腾。

朱厚照亲手抓获朱宸濠的愿望就这样破灭了。大臣们开始委婉地劝诱明武宗立即还朝。但是，在朱厚照看来，好不容易出来了，哪有轻易回去的道理？朱厚照依然执着地要求继续南征，还给王阳明发布诏谕，禁止他押送朱宸濠到京城，而是留在原地耐心等待自己的到来。

走了将近一个月的时间，明武宗抵达临清。这时发生了刘娘娘事件，朱厚照不辞辛苦，又花了一个月的时间亲自将美人接到身边，再继续前行。这一路上，朱厚照虽然身披铠甲，却游山玩水，赏花观鸟，一边走还一边要求臣下为自己搜罗金银财物，没有丝毫要打仗的样子。这样一直到了十二月初一，他才抵达了扬州府。

到达扬州的第二天,朱厚照带领随从们一起去城外打猎,尽兴而归。从此开始迷上打猎,每天的生活几乎都是在打猎中度过。对于群臣的劝说,从不加以理会。众臣无奈,只好去恳求刘娘娘。刘氏出面,才终于劝住了这位无法无天的皇帝。

在扬州,朱厚照还做了一件匪夷所思的事情。他竟然亲自前往各大妓院去慰问妓女,扬州妓女也因此而身价倍增。

朱厚照就这样一直在南京附近游玩。到了正德十五年(1520年)二月,他接到奏报,张永已经将朱宸濠押到了南京江口。为了弥补自己没能亲手抓获朱宸濠的遗憾,他命令手下人等在自己的住处布下阵势,然后给朱宸濠松绑,自己则跨上马背,重新表演了一出活捉宁王的好戏。而此时众位军事大声呼喊皇上神勇。朱厚照则得意扬扬,就好像朱宸濠是真的被他亲手抓获一样。

八月,在众位大臣和刘娘娘的苦心劝导之下,明武宗终于打算返京了。到了九月,浩浩荡荡的大部队抵达清江浦。朱厚照发现,这里的游鱼又多又美。他玩性大起,跳下马车一个人驾了一艘小船就要到河里抓鱼。谁知一个不稳,只听扑通一声,皇帝掉到水中不见了。

随行的众人一个个慌忙地跳入水中前去援救。一阵折腾之后,终于把朱厚照拉上岸。虽然有惊无险,但他也因此而受到惊吓,再加上常年荒淫过度,身体虚弱,开始一病不起。

回到京城之后,他下令让朱宸濠自尽,而王守仁和伍文定的平叛功劳则全部被加在了他自己身上,成为明武宗亲自出征获得大捷。之后,朱厚照的身体江河日下,终于在正德十六年(1521年)正月,在豹房一命呜呼,年仅三十一岁。在遗诏中,朱厚照要求"释系囚,还四方所献妇女,停不急工役,收宣府行宫金宝还内库"。临死之时,终于做了一件对百姓有益之事。

"明自正统以来,国势浸弱。毅皇手除逆瑾,躬御边寇,奋然欲以武功自雄。然耽乐嬉游,昵近群小,至自署官号,冠履之分荡然矣。犹幸用人之柄躬自操持,而秉钧诸臣补苴匡救,是以朝纲紊乱,而不底于危亡。假使承孝宗之遗泽,制节谨度,有中主之操,则国泰而名完,岂至重后人之訾议哉。"(《明史》)这一定性,可谓贴切之极。明武宗终其一生,都让他的朝臣们头疼不已。可是,让他们真正头疼的还在后面。那就是,朱厚照死后,没有留下一个孩子。

第五章

刘瑾,一场游戏一场梦

刘瑾，陪我好好玩

正德元年（1506年）正月的一天，皇宫后花园。

刚刚登基的明武宗朱厚照正和一群宫女太监玩耍着。他满脸笑容，显然玩得十分尽兴，而在不远处的角落，一个头发已经有些花白的老人，静静地站在那儿，用慈爱的眼光看着眼前的一切。这个人，就是后来在正德朝权倾一时的大宦官刘瑾。

刘瑾原本姓谈，陕西兴平人。他于景泰年间进宫，在一个叫刘顺的太监手下做事，于是就跟随了他的姓氏，改名为刘瑾。成化时期，刘瑾开始主管教坊司，专门负责宫廷中的演出活动，得到了成化皇帝的信任。但是到了明孝宗弘治年间，他却因为一件事而犯下了死罪。

弘治元年（1488年），明孝宗朱祐樘刚刚即位，按例举行祭祀大典。就在这次庄严的典礼上，为了讨新皇帝的欢心，刘瑾安排了一场别出心裁的演出——让歌伎舞女们在朱祐樘面前表演歌舞杂戏。谁知乐声刚刚响起，御史马文升立刻拍案而起，怒斥道：

"新天子当使知稼穑艰难，此何为者？"不仅如此，他还在宴会的第二天便以"渎乱圣聪"的罪名上疏弹劾刘瑾。

朱祐樘一向勤俭自爱、清心寡欲，对刘瑾的做法本就不满，当即宣判刘瑾死罪，御史徐珪、贺霖失承旨下狱。但由于新朝刚刚建立，本着慈悲为怀的精神，刘瑾最终被释放，贬到明宪宗朱见深的茂陵，做了一位守陵人。就这样在茂陵耽搁了十年，刘瑾才抓住机会用毕生的积蓄贿赂管事太监，得以分拨入东宫伺候太子。这一年，刘瑾已近五十岁。

再一次回到皇宫的刘瑾已非当初那个初生牛犊不怕虎的刘瑾了。他变得更加狡诈，心机也更加机敏。刘瑾知道，伺候太子这个机会对于他来说，可是一个大好的机会。太子就是将来的皇帝，只要能让他满意，那荣华富贵还不是指日可待？

自从到了东宫，刘瑾终日小心谨慎。他句句留心，步步在意，虽然平日里不动声色，却在暗暗观察太子的一言一行。没过几天，朱厚照的生活习惯、兴趣爱好、脾气性格，都被刘瑾了解得一清二楚。基本情况掌握在手，刘瑾便开始与太子套近乎了。

他想尽一切办法讨好这位未来的皇帝。知道朱厚照爱玩，就使出各种花样来陪着他玩，知道朱厚照缺什么，就立即想尽办法弄到手。再加上刘瑾知识渊博，口才又好，没过多久，他便得到了这位太子的宠爱，成为朱厚照身边不可缺少的人物。

弘治十八年（1505年），明孝宗朱祐樘驾崩。随着朱厚照即位，刘瑾得到了掌管钟鼓司的职务。掌管钟鼓司虽然只是内侍中一个比较卑微的官职，但刘瑾对此并没有产生丝毫不满，高高兴兴地上任去了。随刘瑾一起得到职务的，还有其他七名朱厚照太子时代侍奉在身边的太监。他们分别是：谷大用、马永成、魏彬、高凤、邱聚、罗祥和张永。

刘瑾来到钟鼓司，每天除了按时到衙门报到之外，其余的心思全部用在朱厚照身上。他以大宦官王振为崇拜对象和奋斗目标，抓住小皇帝爱玩的特点，整天将各种鹰犬珍禽不停地往朱厚照身边送。与此同时，刘瑾还联合了其余的七名太监，撺掇明武宗骑射打猎，舞枪弄棒，吃酒游乐，摔跤斗鸡，日子过得惬意无比。

在朱厚照玩腻了这些游戏之后，刘瑾便发明新的招数哄皇帝开心。刘瑾曾经在皇宫之中组织了一个模拟的市集，让宫女和太监们扮演小商小贩及来往行人。街市上熙熙攘攘，讨价还价之声不绝于耳，效果十分逼真。朱厚照则扮成各种不同的角色在市集中闲逛，以此来取乐。

刘瑾还经常召集成百上千个小宦官陪着朱厚照玩战争游戏，诸如此类游戏，不胜枚举。读书经筵，大臣奏章，朝廷大事，则一个个都被朱厚照抛在了脑后。朱厚照对这位太监很是满意，渐渐授予刘瑾越来越大的权力。没过多久，刘瑾被调到内宫监担任职务。正德元年（1506年）正月，明武宗下令以"神机营中军二司内官太监刘瑾管五千营"，刘瑾正式掌握了北京城中精锐部队的指挥权。

明孝宗临终之时，担心再次出现宦官专权的局面，在遗诏中明确规定，"罢中官监枪及各城门监局"，也就是说不仅剥夺了宦官带兵的权力，而且勒令宦官和军队绝对不可以有丝毫的来往。但是刘瑾的出现，令孝宗的一片苦心全部付诸东流。

就这样，包括刘瑾在内的八名太监的势力一天比一天大。当时朝中的大臣们给他们起了一个别称，叫作"八虎"，而刘瑾，则是

"八虎"中的领军人物。他们不仅带着皇帝吃喝玩乐,还将手渐渐伸到了朝堂之上。他向明武宗奏请,"令内臣镇守者各贡万金",以供享乐之用,继而上奏建议大规模置办皇庄。结果皇庄越置越多,很快就增加到了三百多所,京城内官民,不堪其扰。一直到了正德元年(1506年)的六月,一个雷雨交加的夜晚,皇宫中奉天殿以及太庙顶上的兽吻被雷震倒在地,皇宫几个宫殿的柱子也因此而着火,树木纷纷摇晃不止。

这在当时事关重大,它预示着上天对帝王的不满和警示。明武宗这才稍稍收敛,召集群臣廷议,并发下罪己诏书,请求大臣们直言进谏。朝中大臣借机开始上疏劝诫。但是,大臣们的上疏,朱厚照收到后却又置之不理了。先是"大学士刘健、谢迁、李东阳骤谏,不听",继而"尚书张升,给事中陶谐、胡煜、杨一瑛、张襘,御史王涣、赵祐,南京给事、御史李光翰、陆昆等,交章论谏,亦不听"。

奏疏一封封石沉大海,使大臣们意识到,单凭自己的力量,实在是太过渺小。于是,他们决定,凝结在一起,共同扳倒蛊惑明武宗的罪魁祸首——刘瑾。

正德元年(1506年),恰巧发生了太监崔杲的盐引案,明武宗要求户部给崔杲批款。这件事被大臣们看作了消灭宦官势力的契机。于是,户部大臣联合起来,任凭朱厚照好说歹说,就是坚决不拨款。继而刘健、谢迁、李东阳带头上疏,向皇帝陈述宦官的危害。

"政在于民生国计,则若罔闻知,事涉于近幸贵戚,则牢不可破。臣等叨居重地,徒拥虚衔。或旨从中出,略不与闻;或众所拟议，竟行改易。若以臣言为是，则宜传赐施行；臣等言非，亦宜明加斥责。而往往留中不发，视之若无。臣等因循玩愒，窃禄苟容，既负先帝，又负陛下。"(《明史纪事本末》)归纳言之，这封奏疏就是在劝诫明武宗远离宦官，专心朝政，耐心听取他们意见。否则的话，实在对不起先帝的一片托孤之心。

朱厚照听了，不但没有感动，反而十分生气。在他的内心深处，对于这帮自以为是，总是逼着自己做不喜欢做的事，还处处和自己作对的大臣，实在是厌烦透顶。而太监们不光百依百顺，还变着花样地哄自己开心。相比之下，当然还是宦官知心。他厉声呵斥了李东阳等人，对于刘瑾等人，反而更加信任了。

对于大臣们的反对，聪明的刘瑾心知肚明。他知道，随着自己势力的一天天扩大，遭到朝臣的忌恨当然是早晚的事。他早已准备好招数应战了。

刘瑾的第一个应战策略，就是在朝廷中找寻自己的支持者。当然，像刘健、李东阳这样的人物刘瑾是不敢有任何奢望的。他的目标，锁定在一些贪财之徒的身上。很快，刘瑾便物色到了一个最为合适的人选。这个人，名叫焦芳。

焦芳，天顺八年（1464年）进士，时任吏部侍郎，是明代官场上一个极其投机取巧的高手。由于他"粗陋无学识，性阴狠，动辄议讪"，再加上性情不佳，常常诟病他人，与同僚的关系也十分疏远，大家都躲着他。于是，焦芳只好"深结阉宦以自固，日夜谋逐健、迁、代其位"，与刘瑾一拍即合。

正德初年，户部尚书韩文在整理文案时，发现国库存银稀缺，随口抱怨道："廷议谓理财无奇术，唯劝上节俭。"这句话被有心的焦芳听到，暗记在心，立即跑到武宗面前，为皇帝的奢侈无道开脱，还大言不惭地说："庶民家尚须用度，况县官耶？""今天下逋租匿税何限，不是检索，而但云损上何也？"朱厚照当时正在为朝臣劝诫自己节俭而闷闷不乐。听到焦芳的话，顿时转悲为喜，还将焦芳升为吏部尚书。

刘瑾选择焦芳为合作伙伴，确实是个极有眼光的选择。焦芳与刘瑾结伙后，凡事都站在刘瑾的立场上与其他大臣作对。而弹劾刘瑾的奏疏递到朝廷，必先经过吏部尚书焦芳之手。焦芳就将这些情况一五一十原原本本地反映给刘瑾，从刘瑾手中换取大笔的钱财。

焦芳的附阉之举让刘健、李东阳等人感受到了前所未有的威胁。他们知道，在焦芳之后，必定会有越来越多的官员尾随他加入刘瑾大军中。长此以往，后患无穷。他们决定快刀斩乱麻，在最短的时间内，一举除掉刘瑾以及所谓的"七虎"。

"狼狈为奸"是门功夫

京城郊外，李东阳正独自站在风中，望着刘健和谢迁的马车渐渐远去的背影发呆。他的脸上不时地显现出一丝愁苦的神色。就在前不久，朝中刚刚发生了一件明朝建朝以来前所未有的大事。

正德元年（1506年）十月，内阁六部九卿联名上书，对"八虎"发动全力攻击。此前，为了保证计划万无一失，他们还找到了当时的文坛领袖李梦阳亲自主笔，拟定奏章。

李梦阳是明代中期名噪一时的才子。在他出生前夕，母亲"梦日堕怀"，李梦阳因此而得名。而他长大后，不负众望，"弘治六年（1493年）举陕西乡试第一，明年成进士，授户部主事"（《明史纪事本末》）。

李梦阳不仅在科举考试中独占鳌头，在文学上也极有造诣。他认为，明代的文人们作诗文，大多萎靡软弱，缺乏震撼人心的作品。因此，他打出"文必秦汉，诗必盛唐，非是者弗道"的口号，在明代文坛上掀起一股飓风，与何景明、徐祯卿、边贡等人并称

"十才子"。他成名后，奔走千里来拜师学艺的儒生不计其数。一直到了嘉靖年间王世贞出现，才终于取代李梦阳文坛领袖的位置。

李梦阳这样的大才子，对于刘瑾这种卑鄙小人，自然是极为不屑。他经常利用各种机会与刘瑾对抗。就在这年冬天的十月，李梦阳看到户部尚书韩文在退朝后，对着自己的属下哭泣，边哭边陈述刘瑾的种种罪行。李梦阳当时只是一位普通的郎中，他见了这一情形，不由得冷冷一笑，讥讽道："为国大臣，义同休戚，徒泣何益。"国家大臣铲除奸恶是义不容辞的责任，站在这儿哭能有什么用？韩文反问李梦阳："计安出？"李梦阳当即答道："比言官章入，交劾诸内侍。章下阁，阁下持劾章甚力。公诚及此时，率诸大臣死争，阁老得诸大臣，持劾章必益坚，去瑾辈易耳。"

韩文听了，深觉有理，便把李梦阳的话转告内阁元老。他们听了，也连声赞同，继而诸大臣得知，都纷纷要求加入弹劾的队伍。这样，才有了文章开头所述的正德元年（1506年）大臣联名讨伐"八虎"一事。

在这封奏疏中，李梦阳等人严厉斥责了以刘瑾为首的"八虎"诸种不法行径。在文章的最后，李梦阳将"八虎"与汉代和唐代的专权宦官相比，愤然写道："前古阉宦误国，汉十常侍，唐甘露之变，是其明验。今永成等罪恶既著，若纵而不治，为患非细。伏望陛下将永成等缚送法司，以消祸萌。"

奏疏很快抵达了朱厚照的案前。看到这篇文辞优美，言语恳切，堪称传世佳作的奏章，明武宗的手不由得颤抖起来。他如同被吓坏一般，为此失声痛哭，食不下咽。他所害怕的，不是终日陪在自己身边的人竟有如此不堪，而是这篇文章最后所署的名字——内阁六部九卿。

明代因为宰相被废除，议政归内阁，行政归六部，九卿则是吏、户、礼、兵、刑、工六部再加上大理寺、都察院、通政司的最高长官。换言之，就是中央全体部门联名要求处置刘瑾，而如果内阁六部九卿联名辞职，整个国家的机器就全部瘫痪了。

无奈之下，朱厚照只得在心情趋于平稳之后，将群臣召集在一起商量如何解决这一问题。由于朱厚照和刘瑾之辈的感情实在太深，他不忍心将这些人通通处死。于是，"帝不得已，议遣瑾等居南京"。

以刘健为首的大臣们对这个解决方案一点儿都不满意。他们一天之内，连续入朝三次，拼死力谏。这时，朝中有一位尚书许进提醒刘健"过激将有变"，但对这帮太监已经恨之入骨的刘健根本听不进去，下定决心要对刘瑾杀之而后快。皇帝身边一个叫王岳的太监，是太子东宫的旧臣。他性格刚直，向来痛恨刘瑾等人的做法，也带领着太监范亨、徐智加入攻击刘瑾等人的队伍中，为诸位大臣说话。这样，就形成了外朝和内廷联合起来对付"八虎"的阵势。

朱厚照实在是下不了决心杀掉这些对自己百般顺从的心腹，但如果不能让大臣们满意，万一集体请辞，他这个皇帝还怎么当？于是，斗争的局面开始僵持下来。刘健担心夜长梦多，准备再召集更多的京城官员继续弹劾刘瑾，甚至动了绕过皇帝，直接处死"八虎"，先斩后奏的念头。就在这时，刘瑾在朝中布置的眼线焦芳开始发挥作用了。他连夜跑到刘瑾的府邸，将宫中所发生的事情全部告诉了他。

得到消息的刘瑾和其他"八虎"成员顿时大惊失色，虽然他们知道朝臣对自己的不满，但万万没想到会产生联名弹劾的局面。对于现在的情形，如果真的能够顺利到南京去养老，"八虎"其实也就认命了。但听说大臣一定要置他们于死地才罢休，反而激起了这帮人的反抗意志。他们决定铤而走险，反扑一把，说不定可以为自己拼出一条活路。

"八虎"赶到宫中，趁朱厚照还没反应过来，扑通扑通全部跪倒在地，牢牢地把皇帝围在中间，放声大哭起来。一边哭一边说道："害奴等者王岳。岳结阁臣欲制上出入，故先去所忌耳。"

措手不及的朱厚照也来不及深思熟虑，看到跪在地上的这群心腹玩伴，一个个满面泪痕，心中很是不忍。刘瑾趁朱厚照犹豫之际，抓住机会开始向皇帝编造王岳与外臣联手准备牵制皇帝的谎话。朱厚照本来就认为大臣们对几个太监不依不饶，实在是逼人太甚，听了刘瑾的话，顿时恍然大悟，不由得怒气冲天。

第二天，大臣们再一次地来到皇宫。他们丝毫不知道昨天夜里发生了什么。一个个精神饱满，坚信就在这一天，刘瑾等"八虎"将被彻底解决。然而出乎他们的意料，就在这些大臣信心百倍地站在皇帝面前时，听到的却是让他们不可思议的宣判结果。

就在当天夜里，明武宗已经下旨，将王岳、范亨、徐智等人关入大牢，随即"充南京净军"，看守祖陵。而刘瑾则一夜之间升任司礼监掌印太监，提督团营。"丘聚、谷大用提督东、西厂，张永督十二团营兼神机营，魏彬督三千营，各据要地。"这一次交锋，刘瑾不仅成功地重新获得明武宗更大的信任，还铲除了劲敌王岳。对于他来说，可谓一箭双雕。

朝臣们见诛杀"八虎"未成，反而让这帮太监得到了更大的权力，而且这件事情也已经实在没有办法挽回了，只得相继向明武宗上疏请求告老还乡。刘瑾看到他们的辞呈，伪造朱厚照的圣旨，将所有的辞职申请全部批准，却盛情挽留李东阳。

原来，弹劾刘瑾的当天，刘健等人情绪激动，甚至推翻桌子和朱厚照大闹，宣称与刘瑾势不两立。而李东阳则冷静许多，一直沉默不语。这一切都被刘瑾的眼线们看在眼里并转告于他。因此，这次风波之后，只有李东阳一个人得以留在朝堂。但是，李东阳并不领情。他正色道："臣等三人，责任一同，而独留臣，将何辞以谢天下！"但是，朝中毕竟不能没有能办实事的大臣。明武宗坚决不肯批准，李东阳也只得勉强留任。

在刘瑾的怂恿之下，"以吏部尚书焦芳兼文渊阁大学士，入阁办事"。事情的发展，大如刘瑾所愿。但是，对于曾经和自己作对的王岳、范亨和徐智，他依然不肯放过。就在他们被流放的途中，刘瑾派人一路追杀。三人中，只有徐智一人幸免于难，但也因此而折断了一只臂膀。

成功铲除这几个最大的敌人之后，刘瑾开始变得猖狂起来。他和焦芳在一起狼狈为奸，"变紊成宪，桎梏臣工，杜塞言路，酷虐军民"，渐渐搅得天下大乱，民不聊生。

得罪我？还要不要小命了

正德元年（1506年）十二月，一场离奇的场面在大明皇宫门口上演了。二十多位大臣正齐齐地趴在长凳之上，接受廷杖之刑。原来，他们在几天前，共同得罪了一个权势熏天的大太监——刘瑾。

刘健、谢迁等老臣告老还乡之后，朝中就几乎没有人敢与刘瑾等"八虎"公然作对了。刘瑾在皇宫中的势力以令人吃惊的速度一天天壮大，终于到了权倾天下、无人能及的地步。

首先是刘瑾顺利地成为当时司礼监的秉笔太监。作为秉笔太监，他随之而得到了一项特权，那就是协助皇帝掌管章奏文书，甚至代替皇帝"批红"。所谓"批红"，就是内阁将已经审阅好并起草出自己意见的奏折上交给皇帝，皇帝再根据具体情况，用红色的笔在奏章上签署自己的意见，以达到减少皇帝的工作量，提高行政效率的目的。

明朝建立之初，由于朱元璋对太监们没有任何好感，认为他们是专权乱政的罪魁祸首，于是下旨要求所有的宦官一律不准读书识字，更不准干预政事。但是到了明宣宗时期，内阁权力扩大，皇帝为了牵制内阁，于宣德四年（1429年）"特设内书堂，命大学士陈山专授小内使书，而太祖不许识字读书之制，由此而废"。从此以后，皇帝口述的诏谕，大多由司礼监秉笔太监用朱笔记录下来，再颁发给内阁和六部执行。

到了明武宗朱厚照时期，对政务极端厌倦的他索性就将批红大权交给了刘瑾。他自己所下的口谕，也由刘瑾口头传达给大臣们，自己则乐得在豹房尽情玩耍。这样一来，等于说是将国家大事的决定权一手下放给了刘瑾。司礼监因此也由一般的宦官机构，慢慢发展成明王朝的实际掌控者，这一任何人都无法比拟的权力，是刘瑾嚣张跋扈最为重要的资本。

刘瑾一朝得志，对那些曾经使自己陷入危难、无地自容的朝臣的憎恨与厌恶，也一天天地更加强烈起来。在掌握了朝廷大权之后，刘瑾便开始对他们下手了。他第一个看不顺眼的，就是户部尚书韩文。

他不会忘记，就是因为韩文和李梦阳的撺掇，才会有那么多的大臣联合起来和自己作对。于是，刘瑾派专人日日夜夜盯着韩文，寻找他的过失。终于在内府折银作伪一事上抓住了韩文的把柄，他立即以明武宗的名义下诏，罢去韩文的官职。

在韩文归家的路上，刘瑾依然不依不饶，一路派人伺机暗杀。韩文为了避免杀身之祸，只骑了一头小毛驴，一路住在荒僻的野店，才侥幸逃过一劫。而他的儿子唐州知州韩士聪、刑部主事韩士奇也都被罢黜了。户部有一个叫徐昂的给事中，只为韩文说了一句

"文率九卿上疏，忠愤所激，不应停勒"的话，就被刘瑾革职为民。刘瑾心狠手辣、赶尽杀绝，丝毫不留余地的手段，可见一斑。

驱逐韩文，仅仅是刘瑾报复大臣们的第一步。之后，他的真正招数才慢慢施展开来。为了给离去的刘健、谢迁等人求情，给事中吕翀、御史薄彦徽以及南京给事中戴铣等官员开始运用老办法——上疏来给他们求情。这一拨的上疏，有大臣二十一人。奏疏被刘瑾看到，二话不说，立即将这帮官员处以去衣廷杖的刑罚。

在明武宗以前，像廷杖这样的处罚，是几乎不会加诸大臣身上的，即所谓的"刑不上大夫"。如果一定要施行，则不需要除去衣物，还可以允许他们用毛毡、毯子等厚物垫在身上。然而，这一次他们却被刘瑾这样的阉人当众责打，对士大夫来说，无疑是人格上的最大侮辱。不仅如此，刘瑾还暗中嘱咐锦衣卫，让他们用尽全力，决不能手下留情。这样一来，群臣一个个身受重伤，其中南京给事中戴铣竟然就这样被活活打死。廷杖之后，李梦阳、吕翀等人皆被罢黜，其他有的致仕，有的被削去俸禄，有的被革职还乡。

戴铣的死再一次激发了这些文官的愤怒。以修身、齐家、治国、平天下为己任的他们，不惜一死，也要为戴铣讨回公道。于是，没过多久，就有了朝臣们的第二拨集体上疏。无奈的是，明武宗的心，已经完完全全地被刘瑾等"八虎"所蛊惑了。他对于这帮朝臣们没完没了地和几个太监过不去，简直是厌烦透顶。这些奏折，他连翻也没翻，直接扔给了刘瑾，转头就回到豹房中继续享乐去了。

可怜的大臣们又一次地落在了刘瑾的手里。这一次，刘瑾如法炮制，将这些大臣再一次拉到外面处以廷杖之刑。值得一提的是，在这群受刑的大臣当中,有一个名叫王守仁的人。当时的他,只是一个小小的主事,在这群大臣中间,实在是渺小得让人留不下任何印象。但是,谁都没有预料到,这个小官用不了多久,便会大放光芒,成为千古流芳的圣贤,受万人景仰。

廷杖之后,又有一大批官员被免官削爵。刘瑾的势力,也变得更加张狂。

正德二年(1507年)三月,刘瑾下诏令群臣全部跪在宫门口金水桥的南边,宣布奸党名单,大学士刘健、谢迁,尚书韩文、杨守随,郎中李梦阳,主事王守仁,给事中汤礼敬、吕翀、戴铣,御史陈琳、贡安甫等著名的忠直之臣五十三人,全部被列入奸党名单张榜公示,昭告天下。刘瑾还把镇守边关的将领,全部换成了他的党羽。一次性就"迁擢官校至一千五百六十余人",还传旨给几百位官员授予锦衣卫的官职。

刘瑾知道,那些言官,就是专门负责向皇帝提意见的,所以对自己的威胁也就最大。于是,他重点打击了言官们。他下令,让言官们"寅入酉出",也就是说,在早晨寅时(凌晨三点到五点之间)即入朝当值,一直到午后酉时(下午五点到七点之间)才能离开。这样,官员们身心疲累,苦不堪言,就再也没有力气和自己作对了。

这样残酷地对待朝廷大臣,刘瑾仍是不解恨。尤其是对于文人和儒生,只要他们犯了一点小小的过错,就会遭到严厉的处罚。当时朝廷正在编修《通鉴纂要》,书成之后,刘瑾故意借口翰林纂修官誊写不工整,将他们全部罢免,之后再安排亲信文华殿书办官张骏等重新誊抄,并顺势加封他为礼部尚书。

正德三年（1508年），刘瑾修改朝廷制度，改变了大臣们请假的规定，从此，官员凡是因为丁忧、省亲、养病等事不来当值，则一律按照旷工处理。"三年不赴部者，革为民；未久者，严限赴京听选。"这样一来，又有文武官员一百四十多人被革职查办了。此后"装潢匠役悉授官"，朝局一片混乱。明武宗也丝毫不管不问，任凭刘瑾随意折腾。而刘瑾每次向朱厚照奏事，都专门挑选他玩得最尽兴的时候。朱厚照不耐烦，便常常以"吾用若何事？乃溷我"的理由将刘瑾打发走。渐渐地，即使有了再大的事情，刘瑾也不向皇帝启奏，而是自己做主了。

刘瑾对付朝廷大臣，很有一套招数。除了廷杖之外，他自创了一套枷法。这种枷重达一百五十多斤，为他所不满的大臣只要戴上这种枷，用不了几天就会被活活累死。

罚俸也是刘瑾经常使用的手段。由于明武宗耽于享乐，花费巨大导致国库空虚，刘瑾便想出了这一招数，既惩罚了官员，又给朝廷增加了收入。所罚内容以米为多，数量在一二百石到上千石之间。这样，仅仅在正德三年（1508年）一年间，被罚米的官员就达到了一百八十二人之多，一大批清正廉洁的官员因此倾家荡产，而刘瑾则因此一方面得到皇帝欢心，一方面大发横财，一举两得。

在京城各地、边境各地以及内阁的官员都通通换血之后，刘瑾又开始插手六部。"府部等衙门官禀公事，日候瑾门，自科道部属以下皆长跪。大小官奉命出外及还京者，朝见毕，必赴瑾见辞以为常。"（《明史纪事本末》）刘瑾想安排人做官，只要写在纸条上递给六部，马上六部官员就会按照他的意思予以安排。

刘瑾虽然控制了六部，不过，他的文化程度毕竟有限。有的奏

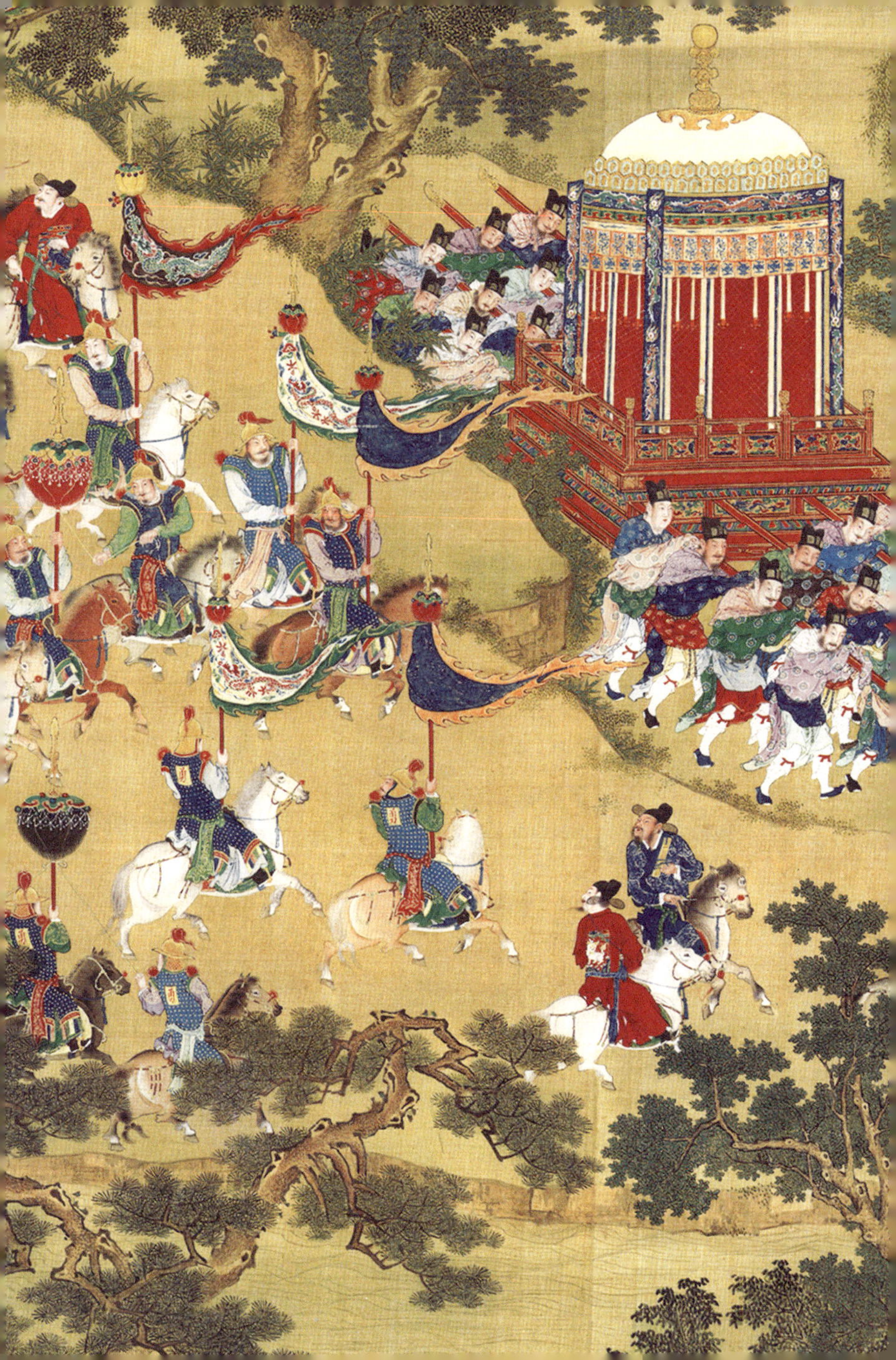

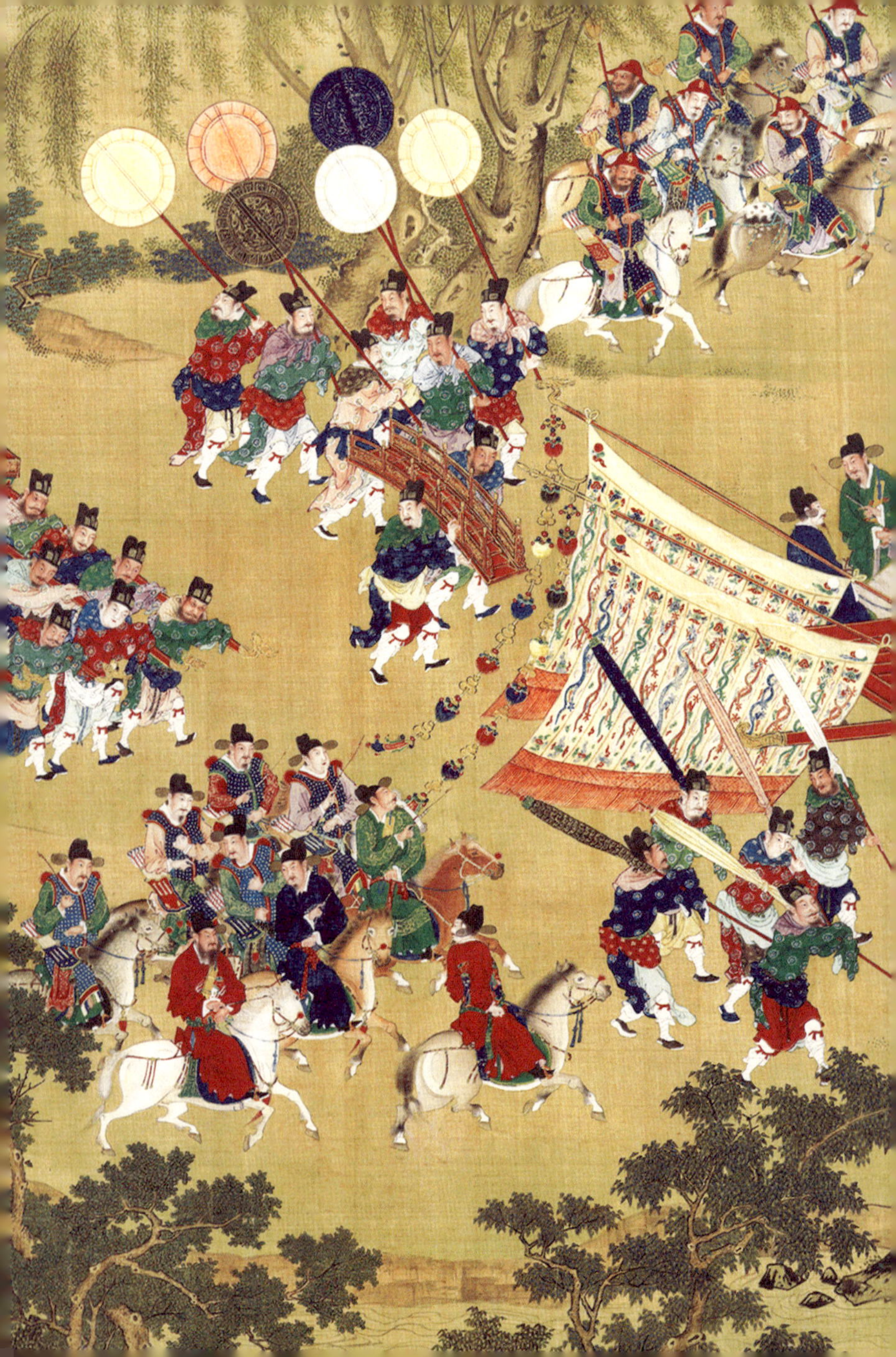

折,他根本看不懂。刚开始的时候,他还把这些奏折拿到内阁,让内阁大臣拟制。但内阁大臣的抉择常常不能让刘瑾满意,于是,他便把这些奏章通通拿回自己家中,让一个叫张文冕的人帮他代写。

这个张文冕,其实只是个市侩而已,他"尝犯法,南京兵部尚书何鉴捕置之理,亡匿附瑾,瑾倚之"。张文冕写好后,刘瑾再拿到内阁,让焦芳帮忙修改润色。自此,刘瑾逐渐成为"内相",朝廷大事全部由他抉择。时人给刘瑾起了一个绰号,叫作"立皇帝",权倾天下。

在掌控了文官系统后,刘瑾开始将手伸向军政大权。他利用东厂和西厂的势力四处打探消息还嫌不够,于正德三年(1508年)又设立了内行厂并亲自督管,随意刺探官员的隐私,"尤酷烈,中人以微法,无得全者"。甚至还"悉逐京师客佣,令寡妇尽嫁,丧不葬者焚之,辇下汹汹几致乱"。荒唐事干尽,百姓也因此而惶惶不能终日。

对于刘瑾的肆意妄为,明武宗朱厚照不可能全然不知。但是,他实在太离不开刘瑾等"八虎"这帮忠实的玩伴了,也太厌恶那帮终日板着脸训诫他的大臣。因此,从未对刘瑾有任何苛责。即使朝臣们攻击刘瑾的奏折如雪花般飞到他的面前,他仍是不闻不问,护刘瑾护到底。站在权力顶峰的刘瑾看着人们站在他面前一个个战战兢兢的样子,得意扬扬地笑了。

搞不定的杨廷和，整不死的杨一清

正德五年（1510年）五月，杨一清带着简易的行装，匆匆踏上了回京的道路，已经五十多岁的他神色凝重。李东阳知道，杨一清重出江湖，背负着两个重要的使命，一个是为朝廷镇压安化王叛乱，另一个，也是最重要的任务，就是配合李东阳和杨廷和，除去刘瑾这个奸佞小人。

李东阳为了这个目标，已经隐忍多年，而杨廷和，则与李东阳和杨一清一样，也是一个让刘瑾又恨又怕又无能为力的狠角色。

杨廷和，字介夫，出生于四川新都，是一位从小就大名鼎鼎的神童。成化七年（1471年），刚满十二岁的杨廷和参加乡试，便一举考中举人。中举后进京赶考，没有中榜，他便留在北京国子监继续读书。在读书期间，他和国子监中监丞黄明之女结了婚。到了成化十四年（1478年），杨廷和考中进士，时年十九岁。他也因此而成为成化年间年龄最小的进士，甚至比他的父亲中举年份还要早。

杨廷和"为人美风姿，性沉静、详审。为文简畅有法，好考究掌故、民瘼、边事,及一切法家言,郁然负公辅望"(《明史》)。可见,他不仅仅是考试成绩好,从相貌、品性、学识等各方面来说,都有着极其优越的自身条件。

凭借着这些优越条件,杨廷和中进士之后,升官的速度极快,二十岁时就进入翰林院继续深造。到了弘治二年(1489年),杨廷和升任修纂,编写《明孝宗实录》。完稿之后,他便"以预纂修进侍读改左春坊左中允,侍皇太子讲读",给皇太子讲课没几天,又"超拜左春坊大学士,充日讲官",专门负责给皇帝授课。

明武宗即位后,杨廷和作为前朝重臣,受到皇帝的青睐。正德二年(1507年),他"由詹事入东阁,专典诰敕"。在一次给明武宗讲课的时候,他教导明武宗,要亲近贤明之人,远离奸邪小人。按理说,这是任何一个帝师都会终其一生孜孜不倦地教导皇帝的话,但是杨廷和没有想到,此时刘瑾正站在明武宗的身后,心量狭小又爱多疑的刘瑾马上将他这句话与自己联系起来,认为杨廷和所说的一切,都是针对他的,由此对杨廷和产生了很大的偏见和反感。没过几天,杨廷和便被赶到南京吏部,充任左侍郎。

当时的南京政府班子,虽然有一套六部九卿的人马,但实际上已经是名存实亡,如同清水衙门,被贬至南京,其实就等于是断了杨廷和的仕途之路。但是杨廷和接到刘瑾以皇帝名义发来的诏书以后,没有抱怨一句,当即收拾行李准备上路。在出发前,杨廷和特意找到刘瑾,送了他一匹珍贵的蜀锦。

这下刘瑾有点儿摸不着头脑了。他心里当然清楚,这些所谓的文人,极为憎恶自己。杨廷和这么做,该不会是在暗中酝酿什么阴谋吧?刘瑾派出了一队人马,一路跟着杨廷和,看他到底耍什么花招,并随时回来向自己报告。谁知一路跟到南京,杨廷和也没有任何异常的举动。刘瑾终于放下心来,没几天就把杨廷和这个人远远抛之脑后了。

刘瑾赶走杨廷和,并未事先向皇帝禀告。在他看来,区区一个杨廷和,走了也就走了,再重新派一个人侍讲经筵,明武宗应该也不会太在意。谁知,朱厚照见杨廷和不见了,急得到处寻找。得知刘瑾把他发配到南京后,大怒,马上下令将杨廷和请回来。

原来,这位杨廷和可是曾经出任过詹事府詹事的,在明武宗很小的时候,杨廷和就已经是他的启蒙老师了。年幼的朱厚照对杨廷和,也从来都是毕恭毕敬,以"杨师傅"称呼他。两人之间,一直有着很深厚的感情。

杨廷和就这样回到了北京,"进兼文渊阁大学士,参预机务"。而他在回到北京之前,已经升任南京的户部尚书。刘瑾吃了这一堑,对杨廷和也增加了几分敬畏。第二年,杨廷和加封少保兼太子太保,刘瑾又找出几处杨廷和所编《会曲》中的小差错,以此为借口将他和大学士李东阳罚俸二级,以此来威胁他。但出乎刘瑾意料,没过多久,《明孝宗实录》编成,杨廷和又因功而官复原职。

看到这个杨廷和如此难对付,对自己的威胁也并不算太大,于是刘瑾收敛了许多,不太敢再找杨廷和的麻烦。杨廷和虽然表面上与刘瑾还算过得去,但是,发配南京事件其实已经让他深切地体会到了刘瑾流毒之广。不除刘瑾,难解心头之恨。于是,他与李东阳一样,也开始暗暗策划着除去刘瑾的计谋。

另外一个让刘瑾束手无策的人叫杨一清。杨一清是当年明宪宗亲自在内阁中挑选老师,花大力气培养成才的神童。他"年十四举乡试,登成化八年进士"。就在中进士那一年,杨一清的父亲去世,他只得回家守孝。三年之后还朝。任中书舍人,后来又"迁山西按察佥事,以副使督学陕西"。

杨一清个性机警灵活,喜欢谈论国家大事。他在陕西待了整整八年,只要一有闲暇时间,他便研究边疆经略,还经常亲自去考察山川河流的走势,因此杨一清对边疆防御问题十分精通。弘治十五年(1502年),杨一清在刘大夏的推荐下,升任都察院左副都御史,专门负责督管陕西马政。

他禁止商人进行非法的茶马垄断交易,改为官方派专人负责茶马贸易。经过他的一手整顿,陕西马政管理上积压多年的弊政都被革除,"番马大集"。后来,杨一清升任陕西巡抚,日日选练精兵,加强边防,"创平虏、红古二城以援固原,筑垣濒河以捍靖虏,劾罢贪庸总兵武安侯郑宏,裁镇守中官冗费",使得陕西军事防守固若金汤,军威大振。

正德元年(1506年),"寇数万骑抵固原",明军损失惨重。又是在刘大夏的推荐下,杨一清升任右都御使,总制甘肃、宁夏和延绥三省军务。

杨一清地位的渐渐上升引起了刘瑾的注意。像杨一清这样的人才,刘瑾实在是太想把他拉拢到身边为自己服务了。但是任凭刘瑾送财送物,威胁暗示,使尽各种方法,杨一清就是不肯动摇。不仅如此,他还用各种方法与刘瑾作对。史载:"一清于时政最通练,而性阔大,爱乐贤士大夫,与共功名。凡为瑾所构陷者,率见甄录。朝有所知,夕即登荐,门生遍天下。"这让刘瑾大大地丢了面子。他开始寻找突破口,准备整治杨一清。

杨一清当时不仅负责陕西的马政，还包揽了修筑长城这一重要的工程项目。就在他费尽心力加紧筑城之时，天公不作美，忽然下起了大雪。雪天没有办法施工，工程就这样耽搁下来。当时有几个工人，实在受不了天气的寒冷，策划着起事逃跑，被杨一清发现，立即镇压下去。

这件事被刘瑾知道后，他抓住杨一清这个小辫子，将陕西发生的事添油加醋地转告给了明武宗。事情闹大了，杨一清只好主动向朝廷上书，以生病为借口，请求辞职。在上疏的同时，他还提出了一个额外的请求，那就是希望朝廷命张彩接任自己的职位。

这件事让刘瑾耿耿于怀了很久，因为这个张彩同焦芳一样，都是刘瑾的死党。他第一次拜会刘瑾之时，"高冠鲜衣，貌白皙修伟，须眉蔚然，词辩泉涌"，当即得到了刘瑾的喜爱。之后，饱读诗书的他成为刘瑾的走狗，也是刘瑾身边不可或缺的"军师"。在刘瑾的帮助下，张彩平步青云。而这一次杨一清的推荐，让刘瑾第一次对他产生了疑心。而这，正是杨一清反击刘瑾的第一步——刘瑾和张彩之间的关系已经开始产生裂痕了。

刘瑾此时还没有考虑那么多，他的精力已完全放在杨一清身上。正德三年（1508年），刘瑾诬陷杨一清冒领边费，贪污朝廷钱财，将杨一清关入锦衣卫大狱。眼看杨一清即将性命不保，李东阳和王鏊在朝中极力为他求情，终于使杨一清免于处罚，改为归家，"先后罚米六百石"。

到了正德五年（1510年），杨一清已经在家中赋闲两年了。这两年，他养花种树，读书练剑，过得极其娴雅。不过，这一年的五月，这份平静终于被打破了。一帮锦衣卫亲自上门宣旨，杨一清又恢复了三边总制的官职。就在他丈二和尚摸不着头脑之时，锦衣卫告诉了杨一清请他回去的理由，原来，安化王起兵叛乱了。

刘瑾，你早点死吧

正德五年（1510年）八月，京城百姓鱼贯而出，齐聚刑场观看刘瑾行刑。刑场四周，唾骂之声，欢呼之声不绝于耳。是什么让这位"立皇帝"落到了如此下场？事情还得从这一年四月的安化王叛乱开始说起。

当时的安化王名叫朱寘鐇。明朝的安化，大致在今陕西庆阳县附近。在杨一清离职后，西北地区又恢复了从前战乱不断、民不聊生的状况。刘瑾派遣大理寺少卿周东度到宁夏屯田，他不仅增加了田地的租税，还用极为粗暴的方式在当地征马屯租，顺带着敲诈勒索，遭到了当地兵民的一致怨恨。

刘瑾派去陕西的官员，在陕西按照他所制定的新税率征收田税，这个税率要比原先高得多。对于欠税的人，他动辄打骂，导致陕西当地死伤无数。而当时欠税的往往是驻扎在陕西的戍军士兵，更容易聚众闹事。朱寘鐇看此时正是起兵反叛朝廷的最佳时机，便开始着手准备，妄图一举冲进皇宫，取朱厚照而代之。

对于这次起兵，朱寘鐇其实已经酝酿多年。这一次眼见时机已经成熟，便在五月十二日夜里，聚集了陕西当地所有早已被他收买、位高权重的官员到自己家中。其中包括了都指挥何锦、周昂，指挥丁广等人，一起商量起兵大计。宴会上，朱寘鐇果断地杀死了不服从自己的几个官兵和镇守太监，与众人歃血为盟，宣称"即事不就，死无恨"，并发表檄文，洗劫当地拒绝与他合作的官员府邸，正式起兵。

在檄文中，朱寘鐇宣称："张彩、刘玑、曹雄、毛伦文臣武将，内外交结，谋不轨。今特举义兵，清除君侧。凡我同心，并宜响应。"随后，"传布边镇"。"以锦为讨贼大将军，昂、广左右副将军，景文为军师，钦先锋将军，魏镇等七人都护，朱霞等十一人总管。关中大震。"

刘瑾得知朱寘鐇起兵之时，十分慌乱。刘瑾立即想办法将这篇檄文隐瞒朱厚照，并发布圣谕："诏起一清总制军务，与总兵官神英西讨，中官张永监其军。"

杨一清收到让自己官复原职的消息后，立即动身前去赴任。还没赶到陕西，他便收到部下传来的消息，暴乱已经被平定了。原来，杨一清在陕西的部下总兵曹雄得知安化王叛乱，立即率兵在河岸边围追堵截。在宁夏游击将军仇钺等人的配合下，拼死力战，终于在叛乱的第十八天将朱寘鐇一举擒获。杨一清和张永先后赶到，见朱寘鐇已俯首投降，便发榜安抚当地军民，称"大贼已擒，地方无事。天子遣二王重臣来抚定尔辈"，然后便一起押着朱寘鐇回京复命去了。

杨一清明知张永是"八虎"之一，一路上却与他相谈甚欢。他利用张永和刘瑾平日里的不和，趁机拉着张永的手，对他说："赖公力定反侧，然此易除也，如国家内患何？"如果借助你的力量，一定能除去皇上身边的小人，解除国家的危难。张永听了，摆出一副不知其所以然的样子看着杨一清。于是，杨一清便在地上写了一个"瑾"字。

张永觉得很为难。刘瑾现在在朝中的势力实在太大了，他的耳目遍及全国各处。只要一招不慎，性命难保。杨一清看出了张永的犹豫，进一步劝道："公亦上信臣，讨贼不付他人而付公，意可知。今功成奏捷，请间论军事，因发瑾奸，极陈海内愁怨，惧变起心腹。上英武，必听公诛瑾。瑾诛，公益柄用，悉矫前弊，收天下心。吕强、张承业暨公，千载三人耳。"

张永依然很犹豫。于是，杨一清耐心为他分析了当前朝中的局势，并向他担保，只要张永跪地苦劝，"剖心以明不妄"，那么，他们一定可以达到目的。而且，以现在的形势，刘瑾很快便会发动叛乱，到时候，张永本身也会面临危险。张永思索再三，终于振臂高呼一声："老奴何惜余年不以报主哉！"答应了杨一清的请求。

此时的刘瑾，正沉浸在叛乱被平定的无限喜悦中。他立刻向朱厚照传达了这一喜讯，同时也没有忘记将平叛的功劳全部加在自己的头上。然而此时，却发生了一件让刘瑾乐极生悲的事情——他的哥哥景祥死了。刘瑾追封景祥为都督同知，并决定为他办一场规模宏大的葬礼。

经过刘瑾的反复测算，下葬的日子定在这一年的八月十六日，随后便开始派人着手为葬礼做准备。八月十五日夜里，刘瑾将全城戒严，他知道，第二天会有成百上千的官员前来送葬。到了深夜，四周街道一片安静，但是"有窃听者，中夜闻兵甲声铮然，里巷私语籍籍，谓倾朝送葬，瑾且因为乱"（《明史》）。也就是说，刘瑾是在打着送葬的幌子策划谋反。

对于史料记载是否真实，这一点还有待商榷。但可以确定的是，第二天恰恰是杨一清和张永还朝的日子。因此，刘瑾的做法正好可以为张永和杨一清提供弹劾他的口实——刘瑾害怕二人回来揭露自己在陕西的种种不法行径，狗急跳墙，举兵谋反。

八月十六日，杨一清和张永正式还朝献俘。为了防止情况有变，张永早已在几天之前便回到了宫中。献上朱寘鐇之后，明武宗置办了丰盛的宴会招待张永，而刘瑾则一直在皇帝身边陪侍。直到夜幕降临，刘瑾才退出朝中，回去准备送葬仪式。张永抓紧时机，拿出了在陕西所搜集到的朱寘鐇起兵檄文给朱厚照看，还一并递交了杨一清所写的弹劾文书。

在这封奏疏中，杨一清详细列举了刘瑾的十七条罪状，证据确凿，句句置刘瑾于死地。谁知朱厚照看了奏疏，竟丝毫不以为意，又端起酒杯，说了一句"罢矣！且饮酒"。张永一看，慌了。如果这件事情现在不能得到解决，一旦拖到第二天，可就是他和杨一清等人的死期了。于是，张永当机立断，高声说道："离此一步，臣不复见陛下也。"朱厚照一愣，问道："瑾且何为？"张永回答："取天下。"这时，半醉半醒的明武宗说出了一句贻笑大方的话："天下任彼取之！"张永立即反问道："置陛下何地？"

被这一问，朱厚照顿时清醒了一半，下令立即将刘瑾捉拿归案。当时已是夜里三更，刘瑾已经睡下，忽然看到张永带着兵包围了自己的住所，心中已经猜到了几分，不慌不忙地披上衣服，询问皇帝现在何处。知道明武宗此时正在豹房，无奈之下只好跟着官兵，进了诏狱。

刘瑾虽然下狱，然而，朱厚照和刘瑾之间的感情，实在是太深厚了。他越想越觉得仅凭着张永的一张嘴便将尽心伺候自己多年的刘瑾关入监狱，实在是不厚道。于是便在当天夜里，给刘瑾送去了御寒的衣物。第二天一早，朱厚照召集群臣商议对刘瑾的处罚办法。他不想要刘瑾的命，于是他将张永告发刘瑾的事情公之于众，命大臣起草诏书，将刘瑾降为奉御，贬斥到南京，废除刘瑾设立的新税法和各项改革措施。然后，这件事情就此结束。

朱厚照想放过他，群臣却不想放过他。就在这个时候，李东阳出手了。他联合六部和十三道御史，同时上疏，众口一词，非杀刘瑾不可。朱厚照的案前，再一次被雪花般的奏章所淹没。他们还强烈要求皇帝亲自出马去抄刘瑾的家。

对于这个建议，爱玩爱热闹的朱厚照没有推辞。谁知，他竟意外地在其中发现"伪玺一，穿宫牌五百及衣甲、弓弩、衮衣、玉带诸违禁物。又所常持扇，内藏利匕首二"。朱厚照这才恍然大悟，刘瑾果然要造反。

看着地上堆积的杂物，明武宗反反复复地只说着一句话："瑾负我！瑾负我！"最后，他终于下定决心，下旨将刘瑾凌迟处死。刘瑾的"族人、逆党皆伏诛"。"张彩狱毙，磔其尸。阁臣焦芳、刘宇、曹元而下，尚书毕亨、朱恩等，共六十余人，皆降谪，已，廷臣奏瑾所变法，吏部二十四事，户部三十余事，兵部十八事，工部十三事，诏悉厘正如旧制。"

明朝的法律规定，死刑的犯人应在秋后处斩，也就是在霜降之后，冬至之前统一执行死刑。但是，刘瑾属于大罪，不受这一规定的限制。曾经被刘瑾谋害过的官员和百姓的家人，纷纷走到街上观看，很多人还用一文钱的代价买下刘瑾身上割下来的肉吃掉，表达愤恨之情。

刘瑾死了，但是他所带来的灾难在短时间内，根本无法消除。刘瑾死后不久，就爆发了刘六、刘七领导的武装起义。朝廷慌忙镇压，再一次元气大伤。刘瑾虽然倒台，明朝宦官专权的局面却没有因此而得到改变。夏燮曾评价道："瑾虽诛，而张永用事，政仍在内，魏彬、马永成等擅窃威柄，阁部仍敛手而已。"（《明通鉴》）明朝的政局，仍然在岌岌可危中一天又一天地得过且过着。

第六章
仪礼之争,不蒸馒头争口气

不让我进去，我还不干了

正德十六年（1521年）四月，"壮志"未酬的明武宗朱厚照驾崩。武宗皇帝荒淫无度，却没能给大明江山留下一个男丁。

皇帝无子，而国不可一日无君。早在百年之前，有远见的太祖皇帝朱元璋留下了一本《皇明祖训》，这是一本怎样当皇帝的百科全书，内阁首辅杨廷和找出这本连皇帝本人都不太信奉的书，并遵照历代中原王朝在面对这种事情上的传统——"兄终弟及"，细细思量：皇帝无子，应找皇帝的同父弟弟即位，可武宗的兄弟早就不在人世，就只能再追溯到武宗的父辈，去找孝宗皇帝的兄弟来即位，不巧的是孝宗的兄弟们不是早死便是已经正常死亡，在这山穷水尽的情形下，杨廷和想起了一个人，孝宗的四弟朱祐杬留下了一个儿子！为了保证皇帝血统的纯洁性，寻寻觅觅了半天只找到了这一个跟死掉的正德皇帝关系最近的人，皇帝的宝座就这么"顺理成章"地落到了朱祐杬的儿子——朱厚熜的头上。

就在两年前，朱厚熜的父亲兴献王薨，按照明朝制度规定，藩王去世后，王世子不能即刻袭封，须持守孝三年期满后，奏请朝廷批准方可。如此这般，朱厚熜只能以王世子的身份掌管府事了。父王英年早逝时，朱厚熜年仅十二岁，可他少年老成，以"孝道"管理王府诸事务，使得"事皆有纪，府中肃然"。杨廷和最初的考量是，一来朱厚熜在血亲上跟武宗最为亲近，二来大概是年纪轻轻的朱厚熜似乎可以担当大任。

于是这年三月十五日，内阁派定国公徐光祚、寿宁侯张鹤龄、驸马都尉崔元、大学士梁储、礼部尚书毛澄、太监谷大用等前往湖北安陆迎接朱厚熜，到京师即皇帝位。三月二十六日，徐光祚等抵达安陆。据传当时消息很快传到安陆的黎庶百姓耳中，那些老百姓也扶老携幼拥至兴王府外，夹道跪地而呼。

宣遗诏的行礼仪式在兴王府承运殿举行。司礼监谷大用宣武宗皇帝遗诏说："朕绍承宗丕业，十有七年，深惟有孤先帝付托，惟在继统有人，宗社生民有赖。皇考孝宗敬皇帝亲弟兴献王长子，聪明仁孝，德器夙成，伦序当立，已遵奉祖训兄终弟及之文，告于宗庙，请于慈寿皇太后，与内外文武群臣合谋同词，即日遣官迎取来京，嗣皇帝位。"遗诏是杨廷和以正德皇帝的口吻写的，"兄终弟及"四个字写得明明白白。

四月初一，朱厚熜拜别其父陵墓，次日辞别母妃启程。四月廿二，朱厚熜抵京师，止于郊外。

在交通并不发达的古代，从湖北走到北京，用了二十天，可以说是正常的速度了。何况新皇帝在路上，排场肯定不小，朱厚熜已经努力加快速度了。

我们无从知晓得到遗诏后的朱厚熜是一种怎样的心情，但是一个情商正常的人肯定都因幻想过君临天下万人之上的情景而兴奋异常，但是这兴奋就在他已经能看到紫禁城的红墙黄瓦后急转直下。

史书上说得很明白，这位未来的皇帝"止于郊外"。

没有人规定皇帝要先在郊外待一会儿再进宫登基，除非是皇帝不能走了，皇帝不想走了。事实也正是如此。

在武宗死后，朱厚熜还在路上奔波的日子里，内阁杨廷和独揽朝政三十七天。废除丞相制度的明朝却给了内阁学士几乎等同于丞相的权力。皇帝的人选选好了，问题就又来了，究竟是用什么礼仪迎接这位未来的主子，特别是这位主子还不是皇帝的儿子。朝廷官员陷入了争论，而主管礼仪的礼部尚书毛澄根据杨廷和的授意，定议以皇太子即位的仪式。

潜台词是，朱厚熜，你首先要当你哥哥武宗的儿子。

当一路风尘赶来当皇帝的朱厚熜看见来迎接他的大臣，大臣也是这么说的："由东安门入居文华殿，择日登基！"如此轻描淡写的一句话，估计已经让朱厚熜出离愤怒了。

由东安门入居文华殿，是皇太子即位的路线，话里的意思已经非常明显，我们迎接的，是武宗皇帝的皇太子，即将登上皇帝宝座的也是武宗皇帝的皇太子。

可能你觉得认谁当爸爸没什么，反正都要当皇帝了，谁是爸爸已经不重要了。但是朱厚熜是一个有原则的人，何况一个帝王，认谁当爸爸应该自己说了算。如果再考虑朱厚熜的出身更不难理解他的愤怒，他从藩王的府邸出来做皇帝，朝廷中一个自己的人马都没有，倘若尚未登基就被人牵着鼻子走，日后说话能算数吗，这皇帝还怎么做？于是朱厚熜的回答是："遗诏以我嗣皇帝位，非皇子也。"

这意思就是，遗诏里面说了，是让我来当皇帝，不是让皇帝的儿子来当皇帝。你不是说"兄终弟及"吗，那我就是"兄终弟及"！我是来当皇帝，不是来当儿子的。

准皇帝的话已经说得很明确了，但是这些朝中大臣也明确地不同意。双方陷入了僵局。

朱厚熜这时候使出了撒手锏，那意思就是，你既然不同意，我还是回湖北当王爷过逍遥日子好了。

此时正好皇太后率领百官劝进，朱厚熜索性继续以不登基为要挟：劝进可以，我就在郊外受劝进表。

这下把大臣给吓傻了，郊外受表就是要在郊外登基。毕竟国不可一日无君，而且选了半天只有这一个人是武宗的亲密兄弟。

后来太后也发话了，大臣们不敢不从，只好答应朱厚熜的要求，从大明门进宫，进入奉先殿——这是一般皇帝即位的法定路线。

独揽朝政三十七日的杨廷和没有想到，他苦心选择的黄口小儿竟然不是一个省油的灯，竟然跟他的哥哥武宗皇帝不一样。新皇帝赢得了进宫路线，然而一切只是开始而已。而这一小插曲，却展现了朱厚熜的乾坤在胸，只是在众多的大臣眼中，尤其是在杨廷和的眼中，他还只是个孩子。

管谁叫爹还能强行摊派啊

正德十六年（1521年）四月二十二日，朱厚熜从大明门进入紫禁城，正式坐上了龙椅，大明王朝又开启了一个新的时代。大明门，是只有皇帝在祭天、出征、登基、大婚时才可以正式走过的，这个皇帝专用门，第一次对一个尚未穿上龙袍的人开启。朱厚熜走进这扇门，就等于走进了他四十五年的帝王生涯。

经过一系列烦琐的劝进、告祭礼仪后，首辅杨廷和给朱厚熜送上了即位诏书。这本是一道程序性的事情，百官也在静静地拜皇帝的首肯。心思缜密的朱厚熜并没有对这些等闲视之，在良久思量之后，第一次拿起御笔，修改了他平生的第一道诏书，他抹去了内阁拟定的新年号"绍治"，在上面写上了心中早已准备好的——"嘉靖"。

古代帝王的年号不仅用来纪年，也是一个政权的象征，甚至是正统王朝的象征。"绍治"的"绍"为继续、继承之意，意思是让新皇帝继承弘治皇帝的正统，放弃自己本来兴献王后嗣的背景，而弘治皇帝正是朱厚熜堂兄武宗正德皇帝的父亲。字面的意思不难理解，新皇帝首先是作为弘治皇帝的后嗣来治理国家的，可能内阁朝臣考虑了新皇帝既然不愿意当已故皇帝的太子，那就顺应天意当已故皇帝父亲的儿子吧。但这在朱厚熜看来无疑是对皇帝权威的极大冒犯。

如此看来，就能理解为何少年天子朱厚熜面对这样的一封走过场似的诏书需要较长时间的思量，以至到内官太监来催要诏书时才落笔。朱厚熜将年号改为自己中意的"嘉靖"，"嘉"寓意美好，"靖"为太平的意思，"嘉靖"取义于商代的高宗嘉靖殷邦。

嘉靖皇帝登基的过程并不一帆风顺，从哪个宫门进宫，取什么年号这些事，都需要皇帝奋力争取，如果这些都还算小事，那么大事才正要登场。

即位后的第三天，嘉靖皇帝立即向大臣提出希望能迎接自己的母亲来北京母子团聚。中国历代王朝几乎都以"孝"为所有品德之首，皇帝本人提出的要求也是合情合理，自然无法反对。但尴尬的是，皇帝的母亲目前的身份还只是"兴献王妃"。新皇帝或许还没有正视这个问题，他甚至亲自去送迎接母亲的使臣，嘉靖皇帝的孝心可见一斑。

两天后召开了一次君臣大会，主要内容是讨论正德皇帝的谥号，最后决定为"承天达道英肃睿哲昭德显功弘文思孝毅皇帝"，庙号"武宗"。这无疑没什么需要争论的，臣下拟定好皇帝直接拍板就行。之后皇帝提出了自己真正在乎的事情，他希望能为自己的亲生父亲，已故的兴献王朱祐杬确定主祀和封号。

嘉靖皇帝是一个孝心很重的人，何况即位的皇帝为自己的父亲上封号，也是完全合理的要求。本来很简单的事情却还是出现了波折，一切还是归结为嘉靖皇帝的出身：他不是先皇的儿子，只是堂弟，父亲是王，儿子是皇帝，的确很尴尬。

为了避免这样尴尬的事情再次出现，皇帝本人跟臣子都认为这一问题亟待解决。大学士杨廷和是官场老人，熟谙史籍，对礼部尚书毛澄说："此事以汉代定陶王、宋代濮王二事为依据，敢有异议者皆为谀奸小人，依法当诛！"

这两个例子分别是汉代定陶王和宋代濮王的故事。汉成帝一直都没有儿子，于是他在宗亲中选择了共王的儿子定陶王立为皇太子，并将其作为自己的儿子养在身边一直到其继位成为汉哀帝。为了延续共王的子嗣，又从楚孝王那里选择了一个孙子作为共王的子嗣。宋代的宋仁宗也没有儿子，于是从濮王那里找了个孩子养在宫中，改名后变成自己的孩子以备继承皇位，这个孩子后来成为宋英宗。

也就是说，根据前代外藩王入继大统的事例，嘉靖皇帝应以明武宗为皇兄，以明武宗之父明孝宗（嘉靖的伯父）为皇考。这样一来，就只能让新帝以其生父生母为皇叔父、皇叔母。大臣们又十分"贴心"地考虑到了皇帝的孝心，因为兴献王只有嘉靖皇帝一个儿子，为了弥补兴献王"无后"的"缺憾"，廷臣们建议让益王的儿子朱崇仁代替嘉靖，过继给死去的兴献王，杨廷和将此称之为"濮议论"。

四朝老臣杨廷和的话说得极端坚决，"敢有异议者，当诛"。而首先有"异议"的正是嘉靖皇帝本人。看到这种强行摊派的结果，有原则且至孝的嘉靖皇帝决然不同意，尤其是杨廷和拟定的武宗遗诏已经清楚明白地说过,是"兄终弟及",这种匪夷所思的归宗行为让他大怒,不禁大呼:"父母可更若是耶!"但是新皇即位,初来乍到,他强压着怒火,无奈地在奏疏做批复:驳回,再议。之后又加了一句,"请博考前代典礼"。

皇帝婉转地表达了希望能找到不同案例的希望,但一切当然尽在那群政治老手的掌握之中,毛澄装模作样等待了几天,表示自己确实是在礼部召集了群臣议论之后,再一次把几乎相同的奏疏送到了皇帝面前,并大加阐述这样一个决定如何符合古礼,如何最能体现兼顾,如何最能体现对兴献王的尊崇。

杨廷和等大臣六十多人上疏力谏,希望新帝从大局出发,兼顾"天理"与"人情"。大多数的朝臣都支持杨廷和"濮议论",更有一百九十余人先后抗旨上奏,要求嘉靖皇帝接受礼部的安排,朝廷呈现一面倒的现象。

此时的皇帝,不仅放下了帝王的架子,甚至转变了对大臣们的进攻态度,他开始用优渥的待遇拉拢杨廷和。有明一朝,太师这样文官的最高职位,只有三个人享有过,嘉靖曾经试图给杨廷和加上太师的头衔,不料杨大人将臣子的礼节尽数做到,赏赐固辞不受,原问题则没得商量。

第一回合，杨廷和先生胜

这一日，礼部尚书毛澄府上来了一位太监，一进门就不停地给毛大人磕头，直接搞得毛澄丈二和尚摸不着头脑，又惊又吓，太监拜他，无疑等于皇帝拜他啊，毛澄连忙询问所为何事。太监几乎带着哭腔表示，这完全是皇帝的意思，说皇上请尚书大人体谅自己的感情，"人孰无父母，奈何使我不获伸"，说罢从怀里拿出些黄金，说这是皇帝给他的，希望笑纳。

几乎走投无路的嘉靖皇帝想出的招数是，给大臣送礼。

偏巧这位毛大人是书生意气，不仅不领情，反而认为这是皇帝对他读书人的侮辱，愤然拒绝。同时嘉靖也尝试过给杨廷和送礼，送的是杨廷和爱吃但经常吃不着的皇家贡品——荔枝。别看这玩意在今天很常见，但是在古代，一般人还真是无福享受，杨廷和收下了荔枝，却有点儿耍无赖，还是继续反对。明朝读书人的气节在这里得到了很好的展现，皇帝的拉拢甚至送礼都没能换来杨大人、毛尚书的通融，嘉靖这个皇帝当得也真是"窝囊"。

明朝内阁的权力经过数代的发展到嘉靖时期变得越发强大,皇帝也不能独断专行。此事一直僵持不下,直到一天,一个人的出现,让嘉靖仿佛找到了一棵救命稻草。

礼部有一个小官观政进士张璁,上了一份《正典疏》。张璁是正德十六年(1521年)的进士,擅长"三礼",就是对《周礼》《仪礼》《礼记》这三本书烂熟于胸,他在此时利用自己的所长,对杨廷和的观点进行了理论上强有力的辩驳,是为"人情论"。

张璁认为汉哀帝、宋英宗都是早就被选作皇帝的人选寄养在宫中的,是先过继后做的皇帝,而嘉靖皇帝不同,是先皇死后按照祖训即位,主张"继统不继嗣,请尊崇所生"。最后则强调"非天子不议礼",请求嘉靖皇帝应乾纲独断,不应采用阁臣们建议的"濮议论",否则天下臣民将批评嘉靖皇帝"为利而自遗其父母"。

可以想见郁闷了多时的嘉靖看见这样的奏疏是多么兴奋,他不禁大呼:"此论出,吾父子获全矣!"于是立即将张璁的奏疏交给杨廷和讨论按照这个办理。

杨廷和看见这封奏疏是异常气愤,指责"秀才安知国家事体",毕竟张璁这个小人物,大人物杨廷和还是很鄙视的。有了底气的嘉靖不理会杨廷和的反对,降手敕给阁臣:"卿等所言,俱有见识,但至亲莫过于父母,今尊父为兴献皇帝,母为兴献皇后,祖母为康寿皇太后。"

杨廷和身为首辅,很是坚持原则,奉还皇帝的手敕,尽管明朝给予了内阁奉还的权力,但是内阁的大臣还是很少使用的,毕竟一个皇帝的诏令被当臣子的拒绝,就等于完全无视皇帝的存在。前面说过,杨廷和是一个对于原则不断诤言的人,他说"臣等不敢阿谀顺旨"。接着,几位御史、给事中等言官也交谏张璁议疏的偏狭,希望嘉靖皇帝"戒谕"张璁这等躁进之人。

过了些天,嘉靖皇帝的母亲已经走到了通州,听说自己的儿子不能认亲生的父母亲,顿时大怒,上演了与朱厚熜一样的戏码:拒绝进城。至孝的嘉靖皇帝闻此,涕泣不止,忙入内宫对明武宗生母慈圣太后张后表示"愿避位奉母归养",以撂皇帝挑子来软威胁,众臣有些惶惧不安。

见施压起到了作用,少年皇帝独断"本生父兴献王宜称兴献帝,生母宜称兴献后",并诏示大臣开大明中门奉迎他的生母蒋氏。当然,嘉靖帝也做了稍许退让,没敢再坚持让生母谒太庙。本来明廷有祖制:妇人无谒太庙之礼。

朝臣之中,如兵部主事霍韬等人,见张璁这么一个新科进士因巧言得达帝听,也思奉谀升官,开始上疏附和张璁疏奏。嘉靖皇帝观此,追尊本生父母的决心日益坚固。但是首辅杨廷和很讨厌张璁这样的幸进小人,便外放他为南京刑部主事。张璁不得已怏怏而去,嘉靖唯一的斗士远离了权力斗争的中心。

嘉靖此后又"复申谕欲加称兴献帝后为'皇'",但是这一举动立即迎来了大臣的反对,杨廷和与诸多大臣使出了他们最厉害的一招,"自请罢斥"。"自请罢斥",原是久已有之的做法,到了明代,君臣之间如果发生了深刻的分歧,大臣自请罢斥则表示激烈坚持,并不是真的要摘掉乌纱帽,皇帝一般也受限于舆论,不会同意大臣的这种请求。

杨廷和的这一招,打得嘉靖只有妥协的份,同时朝堂之上因为这一消息引起了很大的震动,一时上疏请留的人竟然多达一百多人，疏中都说皇帝的不是，杨廷和必须慰留，才刚刚取得一点点甜头的皇帝马上被打回了深渊。而那些在争论当中敢于站在皇帝一边说话的人，一个个都像过街老鼠一样，被整得灰头土脸，遭到了众人的唾弃。

恰巧，嘉靖元年（1522年）春正月，清宁宫发生火灾，杨廷和等人上言，认为这是"天意示警"。小皇帝心动，古代帝王对于鬼神之事即便是不迷信，也是不能公然反对的。另外，嘉靖皇帝一生几乎迷恋道教，一时间他不敢再有进一步举动。

百般无奈的嘉靖皇帝只能放弃在自己的父母前面加上表示皇帝直系亲属的"皇"字，并且申明以孝宗为"皇考"，慈圣皇太后（孝宗皇后）为"圣母"。

看上去似乎是一个对大家都好的结局，实际上真正的赢家是杨廷和，对于一个帝王，嘉靖的反抗换来的成效实在太少。

挂印而去,不干了

张璁的离去使得小皇帝陷入了四面楚歌、孤立无援的境地。在张璁之后,其他几个支持嘉靖的大臣被相继调任外地为官,嘉靖身边的参谋越来越少。但是很多人大概忽略了一个事实,这位皇帝宝座尚未坐热的嘉靖却变得越来越成熟。

客观地说,嘉靖这些争取皇权的举动,在理论上确实是占有一定优势,况且此时的天子只有十几岁,就知道争取自己的权利,维护自己的至亲,并且敢于同满朝文武群臣较量,心智的成熟不可小觑。

皇帝发展自己羽翼的第一步就是争取群臣。鉴于曾经的拉拢法、送礼法均以失败告终,从藩王府邸而来的皇帝又着实孤立,摆在嘉靖面前的路只有一条:就是等待时机,将这个反对派占多数的朝堂大换血,让支持自己的人能够成为王朝的高官,从而让两派大臣相斗,皇帝本人坐收渔翁之利。年仅十几岁的嘉靖此时就把握了统治一个幅员广袤帝国的不二法门,这也成为他日后四十余年统治的成功经验。

嘉靖的运气似乎来了,那个不肯"受贿"的礼部尚书毛澄因重病请求归养,皇帝很欣然地做了一个顺水人情。不久,刑、户、兵三部的尚书相继出于各种原因致仕,皇帝顺利调整了诸多人马,除了一个地方——内阁。

羽翼渐渐丰满的皇帝等待着爆发的时机,他需要导火索,曾经宛如他救命稻草的张璁再次发挥了关键的作用。

嘉靖二年(1523年),这位青春期的皇帝不顾群臣反对,在安陆的兴献帝庙祭祀时行用太庙祭祀皇帝一样的"八佾"大礼,等于在礼仪的事实上承认了生父的"皇考"地位。

身在南京的张璁一直没有放弃对自己主张的坚持,他积攒了一些中下层官吏的支持,如霍韬、方献夫、黄宗明等人,还有极个别曾经的高级官吏,如杨一清,还有一个人,就是桂萼。这些人在南京钻研了两年,阅读了很多史籍,在理论上做了大量的准备工作,因此被看作是政治的投机倒把者,一开始就受到冲击,被当成逢君干进的小人。十一月,张璁等从南京向内阁发难,再次要求讨论皇帝归宗的大礼,重申"继统不继嗣"的主张。

紫禁城内的皇帝自然难以抑制激动的心情,他览之大喜,大言:"此事关系天理纲常,文武大臣集议之!"皇帝的要求是内阁要议论此事,开展一次全朝堂范围内的大讨论。同年十二月,嘉靖指示内阁拟定诏书,将一些太监派到江南去提督织造事宜,首辅杨廷和以扰民的理由拒绝了,嘉靖一再要求,也没有得到内阁任何人对于拟定诏书的同意,纵使他大发雷霆也没有内阁的官员卖他一个面子。

皇帝对于自己堂兄留下的这一内阁班底极端不满。在嘉靖即位的短短两年时间内，杨廷和屡屡封还皇帝的诏书，尽管是出于公心，但是已让天子"常忽忽有所恨"，明显流露出对于这个在重大事情上永远不给自己面子的首辅的厌恶。皇帝左右的人便因此挑拨离间说杨廷和这个人有失臣子身份，朝堂上也开始不断出现弹劾杨廷和的奏疏。

处于舆论中心与权力中心的杨廷和对这些流言的反应是请求致仕。与上次用自请罢黜威胁嘉靖不同，这次杨首辅是真的请求退休安享晚年。

关于杨廷和致仕的原因，有不同的理解，有人认为杨廷和累了，觉得中兴的任务即将完成，可以终老山林；有人认为是不想继续蹚皇帝认祖的浑水，事情进展到今天，杨廷和理论上的确是诸多漏洞站不住脚，加之皇帝的一再坚持，臣子终究抗不过天子，不如赶紧一走了之；还有的说杨廷和后悔了，可能在几番的较量中感受到了嘉靖的强大气场，但是对于过去的固执却无力挽救，不如早点退休在最后一步上支持一下这个自己一手挑选的明王朝继承人。

不论哪种原因，都有一个背景，事实上杨廷和已经处于在皇帝身边待不下去的状态，君臣失和还不是最糟糕的，旁人弹劾其有失臣子之道，这几乎等于变相地说杨廷和目无君上图谋不轨。数年后嘉靖皇帝在给杨廷和的降敕中还称他"以定策国老自居，门生天子视朕"，随着时间的推移，皇帝的言辞中竟仍有些旧怨未消的酸溜溜的味道。任何一个臣子面对这样不清不楚的罪名，面对皇帝对自己的极端不信任，最佳的选择就是挂印而去。

对杨廷和的请求嘉靖还是进行了挽留，无论是假意还是真心，但是杨廷和的态度很是坚决，小皇帝索性也不再拒绝，场面上指责了一句"因辞归咎，非大臣道"后还是给了杨廷和极大的荣耀，批准了他的退休请求。

  杨廷和退出了这场争论的大舞台，但是反对皇帝的势力却没有因为一个人的离去而消弭。事实上，反对的声音不是因为杨廷和的存在才存在，古代的知识分子对于前代的规章制度总是有一种复杂的崇拜情结，尤其是对周代的礼仪。周代是一个讲究宗法的时期，行的是嫡长子继承制，这也几乎成了之后历代中原王朝选立继承者理所当然的规定。朝臣们希望明王朝的皇帝世世代代都是太祖的一支血统，希望嘉靖皇帝归附孝宗的血脉，尽管在今天听上去很是费解，但是时光倒退几百年，只是稍微有点不近人情，却也有理可循。处于讲究人伦纲常的大明王朝的官员们，对于维护制度有着一种几乎痴狂的宿命感，即使不遵守这套制度的人是皇帝，他们也不会放弃在自身能力之内的反抗。

为亲生父母正名

嘉靖三年（1524年）七月，一天中午，嘉靖皇帝在文华殿里优哉游哉地喝着茶，惬意无比地享受美好的下午茶时光，突然因为一阵嘈杂的呼天抢地声惊诧不已。

这天早上，嘉靖皇帝决定不再犹豫，听从张璁的意见强制推行自己的意见。他在左顺门接见各位大臣，当众宣布手敕，决定给自己亲生父母的尊号去掉"本生"二字。这个消息来得极其突然，犹如一颗巨大的炸弹爆炸在大殿上。事先大臣们谁都没听说，第一时间只顾得上面面相觑。就在这时，张璁、桂萼等胸有成竹地站出来支持皇帝的决定，并且罗列礼官欺君罔上的罪名，指责朝臣为了一己私利不顾皇帝感情，结党营私。

这出皇帝与张璁联袂演出的戏让群臣激愤难当。

九卿、詹事、翰林、给事、御史、六部、大理、行人诸司，先后递交疏章进行抗辩，皇帝连理都不理。大臣们疑虑难消，早朝后久久不能离去，聚集在一起分析形势，他们不约而同地想到了一直不希望发生的最坏的事情：怕是皇帝要称呼孝宗为"皇伯考"了吧。这个头顶上的阴云让众人不寒而栗，吏部右侍郎何孟春首先提出让大家一同起来抗争。杨廷和的儿子、翰林编修杨慎激愤大呼："国家养士百五十年，仗节死义，正在今日！"编修王元正、给事中张翀等则以"万世瞻仰，在此一举！有不力争者，共击之"为由威胁官员集体上奏章。

于是，或出于义愤或出于无奈的众臣纷纷响应，数百名朝廷官员一齐跪伏于左顺门。跪伏的人群中，有九卿二十三人、翰林二十二人、给事二十人、御史三十人；诸司郎官，吏部十二人，户部三十六人，礼部十二人，兵部二十人，刑部二十七人，工部十五人，大理寺属十二人。这两百多人在左顺门外跪成一片，开始集体大哭，语声嘈杂，喧声直传入嘉靖所处的文华殿，有的臣子一边痛哭一边还高呼被人无限追忆的"高皇帝孝宗皇帝"。

嘉靖皇帝最初对这种几百号人集体喊他大爷爷的情形颇为吃惊，拿着茶杯的手也在发抖，大惊失色。满朝文武全跑来紫禁城哭一个早已作古的先帝，无异于表示对嘉靖的极端不认可。皇帝急忙派太监传旨劝退，甚至表示事情如何，自有后命。大臣们正在气头上，仍是继续跪伏大哭，豁出去的大臣逼迫说一定要嘉靖给他们一个满意的答复，否则群臣长跪不起，绝不退让。嘉靖估计从来没见过这等场面，一时没了主意，只能不断地让身边的太监去当说客，希望大臣能集体卖皇帝一个面子，给个台阶让大家都好商量。

明朝的大臣表现很是强硬，丝毫不买皇帝的账。

倔强的臣子与倔强的皇帝，双方各自坚持，往返多次，不觉日已过午。皇帝的耐性毕竟有限，放下皇帝架子不断服软的皇帝终于决定不再隐忍。

得罪了皇帝，后果很严重。本来法不责众，受威胁的皇帝可能也只有答应的份，但是他们显然忘记了自己面对的是一个有着怎样强烈原则性的皇帝，他从接到遗诏起对于自己坚持的事情就从没有过"退让"二字。嘉靖派锦衣卫将为首的张翀等八人逮捕入狱，杨慎、王元正见皇帝居然如此不顾众怒，撼门大哭，其余的大臣有如听见了指令般放声大哭。这一拨更加惨烈的哭声让嘉靖更加恼怒，他传令司礼监太监把跪伏的官员名字一一记录下来，随后，将左顺门外跪伏的一百多人下狱。职位高一些的，如何孟春等八十六人，则勒令等候判决。

几天后，皇帝下达了最终的处理意见，杨慎等人皆戍边，四品以上的有关官员均夺去俸禄，五品以下官吏一百八十人处以杖刑，其中王相等十余人因受刑太重被活活打死。这就是轰动一时的"左顺门事件"。

九月十五日，嘉靖正式昭告天下，称孝宗为"皇伯考"，父亲兴献皇帝为"皇考"，母亲为"圣母"，不满二十岁的皇帝终于实现了他为之奋斗了数年的心愿。

嘉靖还准备把他生父兴献帝的灵寝迁入北京，有官员劝说"帝魄不可轻动"，这才没有搬动死人入京。

事情记叙到此，回顾一下嘉靖元年（1522年）到嘉靖三年（1524年）发生的针对嘉靖皇帝亲生父母亲尊号的一系列事件，历史上有一个统称叫"大礼议"。上尊号本是礼仪之事，而与皇帝有关的礼仪是朝廷礼法之至大者，故名"大礼议"。

事件的过程给人总体的感觉是，明代似乎形成了大臣对皇帝的一种较好的监督机制，皇帝不能为所欲为，至少要在精神上承受一定的压力。嘉靖皇帝对宦官的厌恶使得内阁频频出现把持朝政的大臣，造成了嘉靖朝权臣多的情形。但是作为一位情商很高、政治手腕早熟的帝王，他的用人之道、治国之法深得帝王之道的精髓，对于不肯放松的事情，丝毫不放松，皇权始终是凌驾于内阁之上的，即便是臣子用集体性事件相要挟终究不能避免"衣冠丧气"的下场，毕竟胳膊拧不过大腿，此言不虚。

"大礼议"涉及的诸多官员，很难用简单的"好"与"坏"相区分。杨廷和等几位"皆卓然有古大臣风"的大臣，早在清代就有人对其主张表示过不能苟同，而左顺门事件，亦有人提出过否定的评价，想来臣子用集体痛哭要挟皇帝，在后世许多忠君的读书人眼中，确实是不能提倡。至于张璁，虽然在成功晋身中央高端官吏后有许多的善举，但是毕竟提供了一条以迎合皇帝达到个人目的的仕途捷径，也不是全然的私德无亏。

另外，嘉靖皇帝可以说这些事件中最大的赢家，作为最高权力的所有者，也换来了最高的斗争利益。他不仅成功地为亲生父母正名，用政治手腕坐稳了皇帝的宝座，还更换了武宗朝的大部分官吏，可谓是全方位地加强了自己的权力。

争斗还在继续

关于嘉靖初期的大礼之争,当时北京城中传出一首童谣:"太庙香炉跳,午门石狮叫。好群黑头虫,一半变蛤蚧,一半变人龙。"

八月份,就在杨慎被押解离京前往云南永昌时,张璁骤升为二品大臣。

取得全面胜利的嘉靖皇帝很想将内阁这块讨厌的骨头抹上一抹自己人的色彩,同时也想好好奖励奖励一路陪伴他奋斗的张璁等人。嘉靖很想给这两位一个进入内阁的机会,一是奖励奖励亲密战友,二是将一直没能拿下的内阁变为自己的发声筒。接到遗诏就不断在奋斗的嘉靖皇帝太清楚权力的作用了,但是怎奈他的同盟者,实在是没什么资历,张璁是一个"复读"了七次的半大老头,桂萼就更没有什么先进事迹可以介绍了。

皇帝本人是可以降旨安插几个亲信去内阁,一般将此称为中旨。只是皇帝也不会轻易使用这种方式,一是中旨进阁就等于承认选中的对象不得人心;二是内阁有权退回皇帝的中旨,一旦被退回，酷爱面子的嘉靖皇帝又要丢人一次。

张璁等人也清楚自己口碑太差，势单力薄，可二人也已是黄土埋了半截的人，如果不奋力争取，恐怕这辈子都没有机会入阁了。

皇帝在他们的怂恿下还是给内阁下了中旨，介绍了二人的"先进事迹"，表达了自己渴望重用二人的心情。类似的中旨下了三道，每道都被内阁送了回来，嘉靖真的又丢人了。

时任首辅费宏可以说是阻碍二人入阁的第一个绊脚石。费宏在"大礼仪"事件中奉行沉默是金的原则，倘若劝谏，也是比较委婉温和的，但是他对张、桂二人，却是处处针锋相对。在"大礼议"中没有支持嘉靖的费宏自然也得不到皇帝的喜欢，张璁等人再次发挥了不息的战斗精神，费宏因为自己的儿子在家乡犯了事而被逼走。费宏一走，首辅的位置空了，张、桂二人极力举荐当年除掉大太监刘瑾的功臣杨一清来担当首辅。

二人的如意算盘打得很巧妙，想通过杨一清的举荐，坐上内阁的椅子。果然，没过多久，张璁、桂萼这两个在朝中臭名昭著的"大人物"终于顺利进入了内阁。这条旁人需要几十年辛勤耕耘才能收获的道路，张璁只用了六七年的工夫，桂萼作为张璁的追随者，也搭了个顺风车。只是杨一清没有料到自己不但没能得到"滴水之恩当涌泉相报"的待遇，反而差点断送了自己的一世英名。

杨一清的履历十分风光，为明朝名臣，做官期间多有建树。历任孝宗、武宗、世宗三朝，又因智杀武宗朝的大宦官刘瑾名声大噪。遇见张璁恐怕是他一生唯一的失误。

细说张璁此前也没干过什么伤天害理的事情，帮助自己的皇帝认回亲生的爸爸，放到哪里也不算什么罪过，但是此人就是处处被人唾弃，几乎数年都生活在众人的谩骂声中，只因他一登场就作为集体的对立面存在。长年的战斗生活让他染上一种战斗的癖好，就是不能容人，即便是一心帮助自己的杨一清。

幸亏杨一清的命也算不错，他的崇拜者很多，其中一个尤其有分量，就是嘉靖皇帝朱厚熜。兴献王在世的时候曾对年少的朱厚熜讲，朝中只要有三个人在天下就能太平，而其中一个就是杨一清。

张璁没能看到这一点，弹劾杨一清的行为无异于搬起石头砸自己的脚，嘉靖帝盛怒之下将他削职查办。

不过，曾经的患难与共还是很有效的，嘉靖皇帝有时候也比较重感情，张璁刚走，嘉靖就后悔了，于是下了一道诏书，把张璁又叫了回来，继续在内阁当他的官。险些断送前程的张璁更是无法原谅杨一清，便想方设法排挤走了杨一清。最后，给杨一清定了个贪污罪，杨一清一激动，大病一场，再也没有好起来。

杨一清被成功整倒，一个新的目标出现了。这个人就是后来的继任首辅夏言。

夏言（1482—1548年），字公谨，江西贵溪人。此人生性机敏，谈吐不凡，而且史书说他"眉目疏朗"，说白了就是帅哥一枚。夏帅哥唯一不如张璁的地方大概就是考试，他的考试成绩比张璁还差，尽管张璁复读了七次，但是最后在全国范围内的名次，要比夏帅哥略好一些。

夏言有一个可以让他光荣几百年的荣誉，就是他被皇帝赐予过文官的最高荣誉"上柱国"，这一称号在明朝历史上只有他一个人享受过。

早在"大礼议"时，夏言曾对嘉靖表示过支持，深得嘉靖喜爱。此时的嘉靖由于怨恨与他对着干的群臣，很想彻底地变革礼仪制度，将礼仪全面为他所用。夏言瞅准时机，建议改变祖宗旧制，分别祭祀天、地、日、月，这正中嘉靖下怀，嘉靖把夏言的奏折交给张璁让他回去仔细拜读，并提出自己的意见。

以支持皇帝上位的张璁忘记了自己是怎么一步步走到今天的，他第一个出来反对，劝诫皇帝没必要分祀。

原因很简单，张璁认为夏言此举是为了跟自己争宠。于是，他命手下写了一封奏折，对夏言进行最歹毒的咒骂与攻击。皇帝看到后，在朝堂上问，这封奏折是谁写的。写奏折的人本以为皇帝会奖赏他，谁知皇帝将他逮捕下狱。计谋没能得逞的张璁一头雾水，全然不懂皇帝在唱哪一出。

已经进入内阁的张阁老看来是希望做皇帝唯一的礼仪顾问，甚至是礼仪导师。更为要命的是他没能揣度出皇帝的心理，嘉靖让张璁看奏折，就等于暗示张璁要支持夏言的观点，没料想张阁老不仅不支持，还直接出来反对。他大概忘了嘉靖是一位情商极高的皇帝，怎么可能一直依靠一个人，于是嘉靖趁机将夏言提升为四品官员。

张阁老的斗争欲望再次被激发，此时有一个机会恰好送到了他的面前。

有一位叫薛侃的人，写了一封关于早立太子的奏折。头脑简单的薛侃本是出于社稷大计考虑，但是他说话的时机不对，因为当今皇帝此时还没有儿子。薛侃不仅不避讳，甚至直接给皇帝出主意，他认为皇帝可以从宗室后代中挑选一个作为义子先行培养。嘉靖此时正值壮年，这等于说他不仅可能早死没准还一辈子没儿子。嘉靖有多郁闷，就有多气愤。

薛侃写好奏折后，为稳妥起见，专门找到自己的老乡、十多年的同学彭泽征求意见。彭泽不傻，看出了端倪，却对薛侃的做法表示支持。原因是，薛侃是夏言的同党，而彭泽是张璁的同党。

看完奏折的皇帝立即下旨把薛侃投到监狱里面暴打。在审讯过程中，头脑简单的薛侃显示出一人做事一人当的气魄。彭泽在张璁的授意下在狱中威逼利诱薛侃，让他栽赃陷害夏言。之前一直表现得白痴的薛侃终于聪明了一回，在庭堂上大骂彭泽，说是彭泽指使他做的，彭泽见状反咬一口说是夏言指使他干的。事情到了十分尴尬的境地，审讯的官员上报给皇帝的结果是，薛侃一个人写了奏折，而彭泽的指控纯属诬陷。

这对张璁而言无疑是致命一击，聪明的嘉靖看透了一切，把张璁之前上交的污蔑夏言的奏折，又还给了他。

之前"大礼议"事件，张璁几乎已经得罪了除了皇帝之外的所有人，现在又把皇帝得罪了。而夏言本是讨巧的礼仪建议成功，因此张璁失去了皇帝的信任，夏言则博得了众臣的好感，得到了不断地提拔。伴随着张璁的离去，夏言成了新一届的胜利者，前景一片美好。

但是之前的故事已经告诉我们，哪里有权力，哪里就有斗争。

第七章

严嵩：一半是海水，一半是火焰

最阴险的人物登场

钤山，风雨夜。

手握书卷的严嵩，听着窗外淅沥的雨声，心里很是感慨。几年前，当自己还是翰林院的一名编修时，那时人们对他的评价是"年轻有为，前程似锦"。的确，二十七岁进入权力中心，这对于任何人来说，都意味着光明的未来。可谁又能想到，而今，自己只能独处书房，在远离京城的钤山暗自慨叹。严嵩不甘心，却也无可奈何。

而实际上，上天不会错过任何一个有可能改变历史的人，尤其是像严嵩这样，能够左右一个朝代的人。

严嵩这个人，出身一般，既不是穷得掉渣，也不是泼天的富贵，一家人在一起，踏踏实实地过日子。虽然没有显赫的背景，但严嵩有一项人所不及的优势，那就是聪明。

聪明的严嵩小小年纪就博览群书，作文吟诗，深得乡里的赞叹，博得了"神童"的美名。不过这个神童并没有像王安石《伤仲永》里的那个小神童一样，仗着自己聪明就不努力学习。事实证明,有的时候,越是神童,越要勤奋读书,毕竟,保住"神童"这个头衔也不是一件容易的事。

在父母的辛苦栽培和本人的勤奋用功之下,严嵩终于没有辜负自己的天资。小小年纪进入县学,跟着一群能当自己叔叔大爷的人一起学习,准备迎接考试。

就在严嵩踌躇满志,收拾行李准备去参加乡试时,他的父亲严淮,去世了。

这对严嵩来说简直是晴天霹雳,不仅因为父亲在他人生中所占的重要地位,更重要的是,按照明朝的规定,父亲去世,儿子必须守孝三年,这三年里很多事情都不许做,包括参加科举。

至此,严嵩风生水起的日子算是到了一个节点,但他并没有因此而放弃考取功名的愿望。三年守制一满,他立刻奔赴省里参加乡试。事实证明,神童严嵩名副其实,他顺利通过乡试,信心满满地等待着来年的会试。

不过,好像上天要对这个年轻人施予一些磨砺,严嵩接连考了两次,都名落孙山。不过有能耐的人,就算明珠蒙尘,早晚也有发光的一天。弘治十八年(1505年),严嵩终于金榜题名,进入了翰林院,成为一名编修。

看样子,严嵩的好日子就要开始了,虽然翰林院编修并不是什么大官,但毕竟是在皇帝身边,单凭这一点,就能让许多人羡慕得直流口水。

可惜,严嵩还没高兴上几天,老天的考验就又来了。正德四年(1509年),严嵩的母亲去世。按照规定,严嵩又要回乡丁忧三年,这对于一个刚刚开始政治生涯的人来说,实在是天大的不顺。很多人为了保住在朝中的地位，或是能够积攒人脉，都会寻找理由尽量缩短丁忧的时间。著名的张居正，甚至几次三番"夺情"，取消丁忧，留在权位上，不肯挪动一步。相比这些人，严嵩实在是一个值得赞颂的孝子，面对母亲的离世，严嵩悲痛欲绝，二话不说，收拾包袱回了家，丁忧去了。

让人感到费解的是，丁忧期满，严嵩却丝毫没有想要回京的迹象，反而称病请假，来到自己家乡的钤山，开始了十年的读书生涯。

很多人对严嵩的这一举动都表示不理解，三年过去了，一般人还不早就飞回京城，赶紧疏通濒临断绝的人际关系，哪有严嵩这样的，不但不着急，反而索性连官都不要了，他这葫芦里到底卖的是什么药？

这个时候的严嵩，并不是后来史书中所记载的那个大奸大恶的乱臣。他还有着坚守的原则，还有着不折的气节。而此时，他拒不还朝的理由，是因为他觉得现在朝中并不清明，他不愿与奸人为伍。

严嵩口中的奸人，就是当时十分得宠的钱宁和江彬。这两个佞臣当道，搅得大明朝不得安宁。而年轻气盛的严嵩，看不惯这两个人，所以宁愿隐居读书，也不愿回朝做官。

由此看来，没有人是生来的忠臣，也没有人是天生的奸佞，年轻的严嵩就是最好的佐证。在钤山读书的十年，严嵩建立了颇高的清名，"为诗古文辞，颇著清誉"（《明史》）。如果严嵩最终选择一辈子著书立说，或许奸臣传中会少了他的名字，文学史中就会多了一个大文豪。

只可惜，历史让严嵩的人生道路，最终改变了方向。

严嵩没有顺着文豪的路走下去，他回到了朝廷。可惜将近十年的时间过去，没有多少人还记得严嵩这个人，翰林院已没有了他的位置。

南京，明朝的旧都，说白了就是个吃闲饭的地方，多少官员老死于此，严嵩到了这里，无非就是大好的年华浪费一空。如果真是这样，那严嵩就不可能被历史所记住了。

经历了如此多苦难的严嵩，终于盼来了人生的转折。没多久，他就开始升官，"召为国子祭酒。嘉靖七年（1528年）历礼部右侍郎，奉世宗命祭告显陵……迁吏部左侍郎，进南京礼部尚书，改吏部"。连升三级这个词用在严嵩身上都不能形容他此时升官的迅速，回到京城的严嵩，觉得大展拳脚的时候终于来了，但他并不知道，他伺候的，是一位怎样的君主。

在经过"大礼议"之后，嘉靖皇帝并不想就此消停，他左思右想，觉得自己当了皇帝还不够，自己的老爹也要被追认为皇帝，并且进入太庙。消息一出，所有的大臣都反对。这些反对的人当中，也有严嵩的身影。

其实嘉靖的想法并不是无理取闹，而是当皇帝人的通病，那就是正统。嘉靖想追认自己的父亲为先皇，无非是想说明自己的皇位是从自己的父亲那里接过来的，自己是正宗的真龙天子，想把自己的皇位合法化。

但大臣们不理解，一时之间，所有的人都把目光对准了时任礼部尚书的严嵩。

严嵩知道这不符礼制，一开始他并不同意，并且上疏说明自己的意见,不过,他面对的是皇帝,是手握生杀大权的天下之主,一句话就能让严嵩失去所有。面对群臣的反对,"帝不悦,著《明堂或问》示廷臣"(《明史》)。皇帝不仅不高兴,还写了文章怒斥群臣。这一下,严嵩害怕了,他发现,无论自己多么正确,多么坚持原则,在皇帝面前,都一无是处。皇帝高兴了,自己就有好处,皇帝不高兴,自己可能明天连吃饭的家伙都没了。严嵩确实有些原则,有些气节,不过很可惜,他还没刚烈到视生命如无物的地步。

严嵩妥协了,在强大的权力面前,在苟且偷生面前,放弃了立场。

嘉靖十七年(1538年),这时的严嵩已是五十八岁的老人了,他不想也没有力气再坚持自己曾经的坚持了,他老了,今天的一切来之不易,他一丝一毫都不想失去。严嵩终于知道,只要讨得皇帝的欢心,得到皇帝的宠爱,他就可以无所不能。价值的天平一旦倾斜,再想恢复平衡,很难。

嘉靖十八年(1539年),严嵩作《庆云赋》《大礼告成颂》两篇文章,朝贺嘉靖皇帝的父亲得以入主太庙。嘉靖皇帝很高兴,他发现,这个叫严嵩的人,似乎可以为他所用,而在经过大礼议和这次斗争之后,嘉靖和群臣的关系更加紧张,他也需要一个人为他跑腿办事,而严嵩,是个不错的选择。

终于,五十九岁的严嵩,进入皇帝的视野,开始了他兴风作浪的政治人生。

曾经,严嵩也是一个有气节、有原则的读书人。他曾相信,凭借自己的努力,一定能够将毕生所学尽数报与社稷。可惜,就在他想要大展拳脚的时候,命运和他开了玩笑,让他在最美好的年华,告别人生的舞台，来到山里隐居读书。一盏孤灯，燃烧的不仅是灯油，还有年轻的严嵩所有的锐气。当他重回朝野，一点点的挫折就让他马上抛弃了所有的坚持和信仰，选择了为人所不齿的道路。这并不是他想要的，只是，苦难并没有成为严嵩的财富，反而成了他的警钟，时时提醒自己不要再过那样的生活。

苦难，并不一定都是醍醐灌顶的良药，有时，它反而会成为恶人作恶的理由。能不能把握住这个方向，就看是不是坚定而又勇敢。

可惜，严嵩既不坚定，也不勇敢。他选择了一条容易的道路，也选择了一条不能回头的道路。

得到了皇帝宠信的严嵩似乎可以为所欲为了，可实际上，他并不敢太过张狂，因为还有一个人，他的存在，让严嵩深深忌惮，欲除之而后快。

整的就是你,不用再怀疑

金銮殿上,文武大臣分列两班,等待着皇帝的驾临。

伴随着一声"万岁驾到",嘉靖皇帝缓缓地走上玉阶,坐在龙椅之上。奇怪的是,皇帝头上戴的并不是什么金冠,而是一顶道士所用的香叶冠。不过,所有的人都没有反应,因为他们已经习惯了。

嘉靖皇帝信道,已经信得有点儿走火入魔了。他亲手制作了五顶香叶冠,赐给身边亲信的臣子。夏言得到了一顶,严嵩也得到了一顶。

不过这两个人对待这顶帽子的态度却是截然相反,夏言从来不戴,不但不戴,还跟皇上说:"非人臣法服,不敢当。"(《明史纪事本末》)这可把嘉靖皇帝气得直哆嗦,古往今来,皇帝赏赐的东西,哪有大臣敢用这个态度对待的?可夏言说的又没有什么错,嘉靖皇帝实在不好发作,憋了一肚子的火。

转过头来再看严嵩,就完全是另外一个情况了,他不仅每天都戴着香叶冠上朝,还在帽子外面罩了一层轻纱,对这帽子崇敬得是无以复加。嘉靖皇帝看到了,自然是十分开心。

嘉靖很高兴,夏言很不屑。

对于严嵩,夏言的态度只有两个字:不齿。性情刚烈的夏言,根本看不惯严嵩上下打点、左右逢源的嘴脸。虽然这个人对他尊敬有加,并且面对自己的冷脸丝毫不退却,反而鼓着劲地向前示好。夏言冷眼看着严嵩的表演,越发鄙视这个小人。

小人是应该鄙视,可是更应该提防,因为有多少正人君子、忠臣孝子,是毁在小人手里。夏言忘记了这一点,而这却是最为致命的一点。

有一次,严嵩想请夏言吃饭,夏言"言辞不见"。面对夏言的反应,严嵩似乎早就料到了,他不慌不忙地把酒席布置妥当,然后做了一个让众人惊讶的事情,"展所具启,跽读"(《明史》)。他跪在地上,打开请柬,把上面的内容又重复了一遍,然后站起身,宣布开席。

受尽了夏言白眼的严嵩决定开始反击,他要报复,不把这个人拖进地狱永不超生,严嵩睡觉都不会踏实。

可没过多久严嵩就发现,想要整倒夏言不是一件容易的事。虽然在香叶冠这件事上皇帝很不高兴,但怎么能让皇帝的怒火成为焚烧夏言的炽焰呢?严嵩决定告状。

告状其实是一门学问,因为你既要达到自己的目的,又不能让人看出你的目的。这门学问,严嵩掌握得很不错。

一天,皇帝下了朝,严嵩并没有马上离去,而是要求面见皇上。到了皇帝跟前,严嵩跪倒在地,号啕大哭,说夏言怎么怎么欺负老臣，皇帝要给臣做主之类的话。

嘉靖倒是十分冷静，"帝使悉陈言罪"（《明史》）。严嵩一听，立刻开始了倾诉，皇帝就像个知心姐姐一样，坐在那儿听。严嵩一看，皇帝似乎并没有动心，没办法，只能祭出撒手锏了。臣子之间的争斗，皇帝一般不会过问，因为他要坐收渔翁之利，可一旦争斗的结果影响到皇帝的利益，皇帝想要不管也不行了。

史书记载，严嵩"因振暴其短"。夏言有什么短的？无非就是香叶冠一事，然而，这事说重了，算得上欺君。果然，严嵩这一状告完，皇帝即刻火了，下了一封责骂夏言的敕书。"言官为朝廷耳目，专听言主使。朕不早朝，言亦不入阁。军国重事，取裁私家。王言要密，视等戏玩。言官不一言，徒欺谤君上，致神鬼怒，雨甚伤禾。"（《明史》）意思就是，这朝中的言官都不听朕的了，就听夏言一个人的。我不上朝也就算了，你就不能进宫来跟我说说军国大事吗？国家的事都成了你的一言堂了，这欺君之罪你算是逃不了了。

敕书一下，夏言慌了，连忙上疏请罪，怎奈皇帝新账旧账一块儿算，一定要算个清楚，夏言纵是浑身是嘴，也开脱不了自己。半个多月后，夏言离职，严嵩正式总揽朝政。

到此为止，严嵩总算是达到了自己的目的。如果说夏言的独断专行，是为了江山社稷，那么即将到来的严嵩的一言堂，对整个国家恐怕没什么裨益。

严嵩很明白，像夏言这种人，仗着自己本事大，天天一副"天老大，地老二，我老三"的样子，逮谁跟谁拧，只要自己说的是对的，不管什么人都得听，连皇帝也不例外。可是夏言忽略了一点，那就是这世上的聪明人不止他一个，龙椅上坐的那位不比你笨，什么道理他不明白？有的时候，并不是正确的就是最好的，皇帝也有很多无奈，如果做臣子的不能替皇帝分忧，那要你何用？不能分忧也就算了，还一天到晚地在耳朵边教育自己，这个不能做，那个有失体统，是个人都会烦，更何况皇帝要是烦了，一道文书下来，今天你还是万人之上的宰相，明天就可能是流落街头的乞丐。夏言是聪明，是正义，但是他却不懂得为官之道，也不懂得揣摩皇帝的心理，而且最可怕的是，他不懂的，他的对手全懂。

严嵩很清楚，把夏言挤走了，并不代表万事大吉。嘉靖皇帝看上去不务正业，心里却比谁都清楚，自己要想得到他完全的信任，并不是一件容易的事。

于是，严嵩工作更为"勤勉"。据史料记载，他曾经"朝夕直西苑板房，未尝一归洗沐"，天天在西苑值班，也不回家洗个澡什么的。严嵩是要干什么？真的要做个勤勉政事的忠臣？有这样勤奋工作的大臣，大明朝应该什么事务都不会被挤压下来。

果然，皇帝对于严嵩这样的精神十分感动，派人赐给他一方银记，上面刻着"忠勤敏达"四个大字，并且给了他太子太傅的官职。

得到了皇帝宠信的严嵩并没有停下他的脚步，想要真正总揽朝政，有那么几个人是不能让他们说话的。比如，同在内阁的，资历比他老得多的翟銮，以及吏部尚书许赞和礼部尚书张璧。

不过没关系，在打压同事这方面，严嵩做得也十分到位，他先是指使言官把翟銮生生骂走，然后又剥夺了许赞和张璧的票拟权，气得张璧长叹："何夺我吏部，使我旁睨人。"

朝政实质上已经归严嵩一人把持，可面子功夫总是要做的，每次有点儿什么事，严嵩总是"乞与成国公朱希忠、京山侯崔元及赞、璧偕入"，还跟皇上提议要多选人才进入内阁。皇帝听了很高兴，虽然没有采纳严嵩的建议，却给了他吏部尚书、谨身殿大学士、少傅兼太子太师一系列官职。

身处高位的严嵩开始飘飘欲仙了，属于他的时代，终于来临。可惜，严嵩想得太美好，以至于行为上终于出现了偏差，过于独断专行的他招来了皇帝的不满。

嘉靖皇帝是一个很复杂的人，他的行为和他的心智完全不对等，他虽然疏于朝政，却一时一刻没有挪开眼睛，所有的事情他都清楚得很，严嵩那点小伎俩，根本瞒不过他。

当严嵩终于露出了狐狸尾巴，嘉靖皇帝明白，该找个人镇镇他了。

一天，皇帝把严嵩叫到跟前，指着一个人跟他说，从今天起，这个人就是你的上级，你要多听他的意见，一同把工作做好。

严嵩看着眼前的人，心里明白，当初自己做得还是不够狠，这个人不能留，他不死，自己将永无安宁的那天。

这个人，就是夏言。

几头虎狼的死斗

是夜,内阁首辅的官邸,一份名单摆在夏言的眼前,这是为了东宫挑选工作人员而遴选出来的名单。上面的每一个人名,背后都有一双殷切期盼的眼睛,只要夏大人的毛笔在上面一勾,就是无尽的荣华。为了这个肥缺,不知有多少人拿着礼物前来拜谒,只求夏言能格外垂青。可这些人,也无一例外地被夏言拒绝。只有一个人,夏言的笔在他的名字上停留了很久,最终落了下来,确定了他入选的资格。

这个人,就是徐阶。

虽然在当时,徐阶还是一个不起眼的小人物,并且在地方任职期间还和夏首辅有过矛盾,但正是因为夏言的秉公无私,才没有让一代英才没于尘土。正是这个人,在最后的关键时刻力挽狂澜,给了这个命悬一线的国家无尽的希望。

回到京城的徐阶,被授予司经局洗马兼翰林院侍讲的官职,但没过多久,徐阶的母亲去世,他只得回乡丁忧三年。再回到京城时，他被任命为国子监祭酒，后又迁礼部右侍郎，又改吏部。

吏部，也就是人事部长。自古以来，人事部门的人都不好惹，任凭你在外面干得风生水起，到了人事部长面前，照样还得低声下气。可是自从徐阶上任，这种风气就为之一转。史书记载："阶折节下之。见必深坐，咨边腹要害，吏治民瘼。皆自喜得意，愿为用。"下面的官来了先跟人谈心，关怀备至。弄得所有回京述职的官员都对徐阶有非常大的好感。这样一来，徐阶就在官场中落下了个好名声，铺垫下了极佳的群众基础。这些对于徐阶来说都非常重要。

但是，徐阶的好日子还没过多久，朝廷就变了天，因为夏言死了。

夏言的死，完完全全是和严嵩斗争失败的结果。可怜老首辅为国家赤胆忠心一辈子，最后却死在奸佞手里，实在是令人不甘。而夏言一死，徐阶的日子就不好过了，谁都知道徐阶能有今天，都是夏言提拔所致。但在夏言死后，徐阶却表现得出奇镇定和冷漠，他没有在夏言之死这件事上发表过一字一句的评论，也没有像其他官员那样上疏鸣不平。他依旧每天准时上下班，依旧耐心地办理公务，和平日无异。但就是这种事不关己高高挂起的态度，让所有人都对徐阶嗤之以鼻，徐阶被孤立，但他却一直没有采取任何补救的行动。

宦海沉浮过的徐阶，深知自己的恩人败在哪里，所以他不能再犯同样的错误。夏言为人孤傲耿直，从不主动亲近同僚，这样的性格使得他在朝中几乎没有同道。因此，势单力薄的夏言，怎么敌得过人多势众的严党？徐阶明白，只有除掉严嵩，才有可能为夏言平反,大明朝才有安定的那一天。但现在,还不是时候。徐阶知道自己还没有那个能力,他在忍受,忍受着所有人的不理解,忍受着忠良被害的愤恨。他在等待一个机会,一个能让自己强大的机会。

但是在机会来临之前,徐阶又经受了一次挑战。

嘉靖二十六年(1547年)十一月十八日,孝烈皇后去世,嘉靖皇帝再次突发奇想,想让自己的妻子也能进入宗庙。这是不合礼制的,身为礼部侍郎的徐阶自然不能同意。于是他上疏恳请皇帝收回成命。没想到,看完奏折的嘉靖大怒,把徐阶叫来痛斥一番。跪在阶下的徐阶静静地听着皇帝的训斥,然后做出了决定,放弃了自己最初的坚持,同意了皇帝的任意妄为。

徐阶明白,如果像夏言那样和皇帝对着干,是不会有好果子吃的,夏言的血还没干,他徐阶不能再犯同样的错误。原则这个东西,在皇帝面前是没有用的。他要想为夏言报仇,想除掉严嵩,只能放弃原则。

但徐阶从来没有放弃过正义,他等待的那个机会,已经来临。

嘉靖二十九年(1550年)六月,俺答集结大军,南下入侵。说是入侵,其实就是抢劫,他们的第一个目的地,就是大同。

当时任大同总兵的是仇鸾,这个人是严嵩害死夏言的帮凶之一,本人什么本事都没有,靠着贿赂才当上了这个总兵,自然也不可能真刀真枪地和俺答兵对打。怎么办?仇鸾想出了一个自认为不错的方法,既然对方是冲着财物来的,那就给他钱。

拿了钱的俺答大军很守承诺,真的从大同撤军了,只不过,仇鸾没想到的是,俺答不打大同,直接冲着京城去了。这一下情况变得严重了,当时京城的守卫根本不足以应付俺答的来袭。俺答大军在京城周围来了个三光政策,然后虎视眈眈地看着这座城池,好东西都在这里,不抢白不抢。

坐在皇城里的皇帝慌了,这可怎么办?这个时候,俺答派人送来贡书,要求入贡。入贡,其实就是明目张胆、合理合法地提要求、拿东西,是变相的抢劫。这种有失国体的事,嘉靖皇帝怎么能答应?可是兵临城下,不答应又能怎么办?

皇帝没主意了,就得问大臣。嘉靖把严嵩、徐阶等人叫到跟前,问他们有什么办法。这时,严嵩说出了古往今来最无耻的解决办法:"饥贼耳,不足患。"(《明史》)这些俺答兵都是一群没饭吃的人,抢够了他们就会走的。

站在一旁的徐阶愤怒了,在这样的紧要关头,身为首辅大臣,不但不想尽办法保护京城,反击敌人,反而说出如此肮脏懦弱的言论。一直隐忍的徐阶再也忍不了了,他走上前,说道:"傅城而军,杀人若刈菅,何谓饥贼?"俺答大军围困我京城,杀害我百姓,这样的也能叫作饥贼吗?

皇帝听了,深以为然,转身问严嵩,那份贡书在哪儿。严嵩此时从徐阶敢和自己唱反调的震惊中平静了下来,从袖子中拿出贡书,并说道:"礼部事也。"这是礼部的事情,应该问问徐大人怎么办。

没想到徐阶镇定自若地说:"寇深矣,不许恐激之怒,许则彼厚要我。请遣译者绐缓之,我得益为备。援兵集,寇且走。"这个时候,不答应就会面临屠城的危险,答应了他们又会贪得无厌地索取无度。因此,这个时候,只能拖延。就从贡书上入手,等到援军来了,他们自然会退兵。

179

这是个好办法，而事实证明，也确实起了作用。只可惜，当援军来到京城时，却在严嵩的命令下不得出击，眼睁睁看着俺答大军烧杀抢掠后，扬长而去。

而史书将这次的耻辱，原原本本地记录了下来，史称庚戌之变。

就是这次事件，让徐阶在皇帝心里留下了很好的印象，但也让严嵩发现，这个小小的侍郎，似乎有着他不为所知的目的和力量。

一天，皇帝召见严嵩，君臣二人说着说着，就把话题转移到了徐阶的身上。没想到，严嵩对徐阶赞颂有加，"阶所乏非才"。皇帝听了，刚想表达同意，没想到严嵩又幽幽地补了一句"但多二心耳"（《明史》）。这二心，指的就是徐阶曾上书要求早立太子。

立太子是皇帝的家事，一个外臣多什么嘴。再说，所有的皇帝最担心的就是不能长命百岁，皇帝还没死呢，就赶着确立接班人，居心何在？

严嵩一句轻飘飘的话，让徐阶在皇帝心目中刚刚树立起来的美好形象彻底粉碎。从此，皇帝开始冷落徐阶。而徐阶也觉察到了这种冷落，不用想，也知道是严嵩搞的鬼，徐阶只能从头再来。

史书记载："阶危甚，度未可与争，乃谨事嵩，而益精治斋词迎帝意，左右亦多为地者。帝怒渐解。未几，加少保，寻进兼文渊阁大学士，参预机务。"徐阶知道自己还没有足够的力量和严嵩抗衡，严嵩随便一句话都能让自己失去皇帝的宠信。于是，徐阶改变了态度，更加逢迎严嵩，并且专心致志地在家写青词，而皇帝身边的太监因为和徐阶关系好，拼命地在皇帝面前说徐阶的好话。渐渐地，皇帝对徐阶的印象又开始好起来，让他参与到重大事务的处理当中。

这一次，徐阶知道，自己不能盲目地采取行动，必须找到一个一击即中的目标。很快，他就找到了再次出击的突破点。

庚戌之变后，罪魁祸首仇鸾不但没有受到责罚，反而加官晋爵，好不风光。但事实证明，这个人没本事，早晚有一天会坏大事。回到边界的仇鸾，不但没能抑制住来犯的俺答军队，反而让边界越来越乱。没多久，仇鸾就收到了来自京城的诏书，命令他交出兵权，回京领罪。

告发仇鸾的，正是徐阶。

正所谓墙倒众人推，看到失势的仇鸾，严嵩也没闲着，他立刻派人把仇鸾的家底都翻出来上报皇上，就在皇帝看后气急败坏的时候，严嵩加了一句，要皇帝把徐阶也算上，希望皇帝能够连徐阶一起惩治。

没想到，听到严嵩的话，嘉靖一下子怒气全消，反而若有所思地看着严嵩，并且把徐阶那份告发仇鸾的奏折递给严嵩。当严嵩看到奏折上徐阶的名字时，心一下子凉了半截。他终于知道，这个徐阶，不再是平日里对他尊敬有加的小侍郎，而是一个真正的对手。

上天派来徐阶，就是要和严嵩斗个你死我活。

但严嵩也不是吃素的，他有办法对付徐阶。只可惜，他的办法，并不是一劳永逸的灵丹妙药。

181

杀人，很好玩，很刺激

夏言死了，再也没有人和严嵩作对，他终于可以一揽朝政，覆雨翻云了。

邪恶变得强大，正义开始弱小，但弱小的正义，依然是正义。

就在严嵩以为自己可以只手蔽日，再没有人敢反对自己时，一个小小的锦衣卫，却站出来公开弹劾他的罪状。这个人，就是沈炼。

沈炼算是锦衣卫里比较特别的一个，这个平日里默默无闻的小人物，既没有什么特长，也没有什么背景，但就是这样一个人，却得到了总管陆炳的重用。因为陆炳在沈炼身上看到了一种品质，那是他从和严党合作那天起，就丢失了的品质——正直。

本来沈炼就对严嵩父子看不顺眼，在目睹了"庚戌之变"之后，这种气愤达到了顶点，于是，沈炼写下了一道奏疏，历数严嵩的十大罪状。

而这一道奏疏，却丝毫没有起到任何作用，反而把沈炼自己发配到了遥远的保安。到了流放地的沈鍊依然没有停止和严嵩的斗争。在保安，宣大总督杨顺不仅不发兵出击虏寇，反而纵容士兵欺压百姓。沈鍊看不过去，上疏痛斥他的这种行为，杨顺怀恨在心。后来，在严嵩的授意下，杨顺编织罪名，诬告沈鍊谋反，于嘉靖三十六年（1557年）九月，在宣府，杀害了沈鍊。

就在严嵩把沈鍊发配得远远后，又一个人向他发起了攻击，而这一次的攻击，来得比任何一次都震动人心。

在明朝的历史上，有一个号称直谏名臣的人，这个人不是什么大人物，却得到了一个名垂千古的称号。

当严嵩正沉浸在自己的胜利中时，杨继盛的一份奏折打破了他的美梦。

这是一道死劾，上疏弹劾的人是抱定了必死的决心，要置对方于死地，成功则罢，如果失败，就将是死路一条。死谏这种形式太过激烈，因此很少有人会选择这种方法，而杨继盛却义无反顾地走上了这条路。

果不其然，奏折上去没多久，杨继盛就获罪下狱。杨继盛是徐阶的学生，学生获罪，老师自然脱不了关系，但杨继盛奏折上的一句话，救了徐阶。"至如大学士徐阶蒙陛下特擢，乃亦每事依违，不敢持正，不可不谓之负国也。"（《明史》）徐阶蒙皇帝圣恩，却不敢主持正义，也是有罪之人。

看到这句话的徐阶，长长地舒了一口气，他必须保存实力，就算救不了杨继盛，他也是打倒严嵩最后的力量了。虽然不能牵扯到徐阶，但严嵩父子是不会放过杨继盛的。进了诏狱，不死也得扒层皮。而杨继盛面对严刑拷打，表现出来的，是非常人所能想象的坚强。

史载："及入狱，创甚。夜半而苏，碎磁碗，手割腐肉。肉尽，筋挂膜，复手截去。狱卒执灯颤欲坠，继盛意气自如。"痛醒了的杨继盛，拿着一个破瓷片，把腿上的烂肉悉数割去，却不发一声。这已经不是人类所能忍受的痛楚了，而他，却忍了下来。

恼羞成怒的严嵩终于等不了了，他拿出了一封奏折，上面有两个人的名字，而在这两个人之后，严嵩填上了杨继盛的名字。

这两个人必死无疑，而盛怒之下的皇上，是不会在意多出来的那个人名的，杨继盛，你死定了。

果然，皇帝看到奏折后，立刻做了秋后处决的批示。可怜杨继盛忠肝义胆，最终依然要去赴死神的宴席。

嘉靖三十四年（1555年）十月，杨继盛于西市处决，年仅四十岁。听闻杨继盛死讯的严嵩，露出了满意的笑容。

无论是位居高位的夏言，还是默默无闻的沈𬭎、杨继盛，他们都用自己的生命做代价，和严嵩拼争到了最后一刻。即使失败，也义无反顾。只可惜，邪恶过于强大，正义一时处于下风。

但永远不要失去希望，因为正义的力量，会在你看不见的地方慢慢地长大，最终，成为改天换地的雷霆。

开始走下坡路

夏言死了，杨继盛死了，沈炼也死了，整个大明朝似乎再也没有反对严嵩的声音了，严嵩知道自己恶行累累，可是他权力倾天，谁都不能把他怎么样。就算是贵为当朝首辅的夏言，还不是让他轻松地斩草除根了？此时的严嵩，终于体验到了什么叫作呼风唤雨，而那个日日坐在炼丹房中的皇帝，对严嵩来说，只不过是个帝国的摆设，毫无用处，而他自己，天下无敌。

只可惜，严嵩错了，还错了两次。那个看上去只知道修道的嘉靖，并不是个木偶，而是心机极为深沉、头脑极其聪明的统治者，他只是太懒，懒得为那些军政大事操心，但谁也不能取代他，更不能轻视他；而严嵩，也并不是没有对手，他的对手一直在暗处观察着他，时刻等待着反击的机会。

一直以来，严嵩能够在朝中如鱼得水，对皇帝的心思领悟得如此到位，有一个人功不可没，那就是他的儿子严世蕃。这个独眼的瘸子有着一个聪明绝顶的脑袋，无论是皇帝的诏书，还是青词的撰写，他都是手到擒来。也正因为如此，严嵩对这个儿子的依赖程度与日俱增。以至到了后来，几乎所有的决定，严嵩都要和这个儿子商讨一番，再作定论。

不过很可惜，没过多久，严世蕃就不能堂而皇之地帮着自己的老爹琢磨皇帝了，因为，严嵩的妻子，严世蕃的母亲，去世了。

按照明朝的规定，父母去世，子女要回乡守制三年，称为丁忧。但对于严嵩来说，他一天都离不开自己的儿子，因此，严嵩连忙上疏皇帝，说自己"臣老无他子，乞留侍"（《明史纪事本末》）。皇帝对这个老臣实在是宠爱有加，就答应了他的请求，找了别人代替严世蕃回乡。

这样一来，严世蕃就留在了严嵩身边，照样可以干预朝政，不过唯一一点不同的就是，他再也不能进入严嵩的值房，第一时间帮助严嵩处理政务了。因此，在面对皇帝犹如天文的诏书面前，严嵩就表现得力不从心，常常是"受诏多不能答，遣使持问世蕃。值其方耽女乐，不以时答。中使相继促嵩，嵩不得已自为之，往往失旨"（《明史》）。自己答不上来，就只好派人去问儿子，谁知道这个败家子正在家里花天酒地，根本就没有那个心思回复老爹，无奈之下，严嵩只好自己揣测圣意，可他哪有他儿子的本事，常常是驴唇不对马嘴。再加上，严世蕃还有另外一个特长是严嵩所不具备的，那就是写青词。这次严世蕃指不上了，自己写的青词又对不上皇帝的口味，可以说，没有了严世蕃的帮助，严嵩那两把刷子，实在不足以应对嘉靖给的任务。

眼看着亲近的大臣处理政务的水平不同往日，交上来的青词又没有了往日的文采，皇帝自然不大高兴。再加上听说严世蕃平日的表现骄奢淫逸，渐渐地，皇帝对严嵩的儿子，也就更没有什么好感了。

不能够妥善地完成皇帝交代的任务，这对严嵩来说是个不小的打击，但实际上，对于严嵩心理承受能力的考验还远远没有结束。

嘉靖四十年（1561年）十一月，宫里着火，烧的恰好是皇帝的寝宫万寿宫。没办法，皇帝只得移驾玉熙宫，可是这也不是长久之计，于是嘉靖招来大臣，商量重建寝宫的事宜。当问到严嵩的时候，不知道这个老头当时脑子里想的是什么，居然一改往日迎合皇帝的线路，不假思索地否定了重建的想法，并且还提议，让皇帝搬到南宫居住。南宫是当年明英宗朱祁镇被自己的弟弟软禁的地方。

看到面露不快的嘉靖，徐阶马上站了出来，表示支持皇帝重建寝宫的想法，并且保证一定会按时完成工期。听了这话的嘉靖很是高兴，觉得徐阶真是个不错的大臣，懂得皇帝的心思，自此越来越亲近徐阶。而对严嵩，也只是在有一些诸如"斋醮符"的事时，才问问他的意见。

由此可见，熟知历史，尤其是本朝的历史是多么重要。相比徐阶，严嵩的墨水还是少了点儿。

看到情势对自己不利，严嵩有些慌了手脚，于是，连忙摆下酒席，邀请徐阶。

不同于夏言的冷漠拒绝，徐阶不仅去了，还宾主尽欢。当酒席进行到一半时，严嵩叫出所有的家人，跪在徐阶的面前，眼含热泪，饱含深情地说："嵩旦夕且死，此曹惟公乳哺之。"(《明史》)我也活不了多久了，我的这些家人，就交给大人照顾了。

身为一个官场老手，严嵩很懂得审时度势，这个时候，什么面子、尊严，都不能要了，就算是对手，只要能保住命，下跪求他又怎么样。

而面对深情表演的严嵩，徐阶心里除了鄙视还是鄙视，当年严嵩也曾跪在夏言面前，乞求他高抬贵手。夏言答应了，可结果却落得个身首异处的下场。如今严嵩又来求徐阶，想要把他当成第二个夏言。但是这回严嵩看错了人，徐阶一时一刻都没有忘记过夏言、杨继盛他们，现在徐阶不动严嵩，可早晚有一天，他会连本带利一起讨回来，替他们，也替自己。

皇帝喜欢严嵩，信任严嵩，这是他们朝夕相处二十余年所建立起来的感情。可是，一旦皇帝不再喜欢、信任他，那么他就什么都不是。可是，怎么才能让皇帝不再喜欢严嵩呢？这似乎是个不可能完成的任务。

不过徐阶并没有觉得困难，他知道，有的时候，越是看上去不可能完成的任务，完成起来却是让人难以置信的简单。因为看上去刀枪不入的嘉靖，其实有一个非常明显的缺点，他信鬼神。

嘉靖很少彻底地相信一个人，因为他太聪明了，太聪明的人往往自负，他总以为这世上就没有他不知道的事情，不过很可惜，这世上，还真有他不知道的。比如，自己到底能活到什么时候。

类似这种问题，没有人敢回答，你说皇帝能长命百岁，万一你今天刚说完，明天他就喝水呛死了，皇帝的儿子一定不会放过你。

可要是据实回答不知道,皇帝听了也不会太开心。所以这种问题,一般都没人告诉嘉靖答案。

嘉靖自己找到了解决办法,既然问不了人,那就问神。而皇帝问神的方法很独特,叫作扶鸾。

扶鸾是道教的一种占卜术,占卜的时候,要在簸箕里装满沙子,然后把笔捆在绳子上,再把绳子拴在高处,再有人握住笔,当道士把要向神请示的问题烧掉后,这个人就要进入一种被神附体的状态,手中的笔在沙盘上游走,把神的指示写下来。

很显然,在沙子上写些什么明显是受凡人的控制,但嘉靖不管,他就信。而当时,负责皇帝这一神圣任务的,是一个叫蓝道行的道士。而这个道士,是徐阶的人。

有一天,嘉靖突然有了疑问,要请教神仙,于是他把问题写了下来,交给了蓝道行。当然,蓝道行自然不会直接烧掉,他得看看是什么问题,才好替神仙回答。

这一看,发现嘉靖问的是"今天下何以不治?"蓝道行一看,这问题,太好回答了。于是,仪式开始,一番装神弄鬼之后,蓝道行给出了答案:"贤不竟用,不肖不退耳。"(《明史纪事本末》)嘉靖本着虚心好学的品质又问,那谁是贤,谁又是不肖?"神仙"耐心地再次回答说:"贤如徐阶、杨博,不肖如嵩。"(《明史纪事本末》)

事情到此,常理的发展是,皇帝听从神仙的指示,严惩严嵩。但嘉靖不是一般人,虽然他信神仙,但神仙知道的太多也会让人怀疑。于是,嘉靖又问:"果尔,上玄何不殛之?"(《明史纪事本末》)既然是这样,为什么上天不降下灾祸惩罚恶人呢?

不得不佩服蓝道行作为一名资深神职人员所具备的强大的心理素质，面对皇帝这一发问，他不慌不忙地给出了终极答案："留待皇帝自殛。"(《明史纪事本末》)听到这些话的嘉靖，心里已经埋下了一颗种子，徐阶再给它浇浇水，施施肥，它很快就会破土而出了。

一次道教活动决定的命运

严嵩做梦也没有想到,就凭着几句狗屁不通的神仙指示,皇帝居然就对自己有了嫌隙。其实谁都知道,什么神谕,全都是那个主持的道士编出来的,可是皇帝信,谁也没办法。严嵩本以为,过个几天,皇帝把这茬儿忘了,还是会照样恩宠自己、重用自己的。

只可惜,他怎么也不能料到,这样千载难逢的机会,徐阶是不会放过的。当年夏言没有痛打落水狗,给了严嵩反败为胜的机会。今天,徐阶是无论如何也不会再犯同样的错误。

宫中传出信来,说神仙说了,严嵩是奸臣,不可用。此时,邹应龙立马趁热打铁,准备上疏弹劾。可是直接弹劾严嵩,一击得中的把握太小,谁知道皇帝心里怎么想的,毕竟君臣二十余年的感情,不是几句神旨就能瓦解的。怎么办,要说邹御史真是日有所思,夜有所梦,一天晚上做的一个梦,帮了他的大忙。

这一天,熟睡中的邹应龙梦见自己"出猎,见一高山,射之不中。东有培堁楼,其下甚壮。楼俯平田,有米草覆其上,一注矢拉然"(《明史纪事本末》)。此时,邹应龙从梦中惊醒,反复琢磨这个梦的含义,高山,高山,高上一个山,正是"嵩"字,直接把矛头对向严嵩,就好像用箭射高山,自然是不能射中。但是,转换目标,瞄准东楼,就可以撼动高山。想到这,邹应龙眼前一亮,他找到了最佳的解决办法。

东楼,就是严嵩的儿子严世蕃的号。既然动不了老爹,那就拿儿子开刀。

解了一番梦,邹应龙立刻上疏弹劾严世蕃,把他从当官以来的种种恶行都数了一遍,然后又捎带说了说严嵩,"植党蔽贤,溺爱恶子"(《明史纪事本末》),结党营私就算了,还阻塞言路,让有才能的人没有报国的渠道,一味地纵容儿子,看到他的恶行也不严加管教。虽然邹应龙并没有直接弹劾严嵩,但养不教父之过,严世蕃的罪行,你严嵩也是有责任的。

最后,邹应龙还写下了这样一句话:"如臣言不实,愿斩臣首悬之藁竿,以谢世蕃父子。"(《明史纪事本末》)皇上,如果我说的话有一句不属实,就请您杀了我,来给严嵩父子赔罪。

一封奏折写得如此杀气腾腾,任凭谁也不能轻视。果然,看到奏折的嘉靖很生气,本来他就不喜欢严世蕃,这个人在家不守礼制、花天酒地的事他早就知道了,再加上,聪明人看聪明人,没一个顺眼的。就算他是严嵩的儿子,也绝不能轻饶。

于是,皇帝立刻下了命令,把严世蕃投入监狱,等候审理。至于严嵩,已经七老八十了,连个儿子都管不好,看来也没什么能量了,干脆,回家养老吧。

嘉靖对这个老臣还是很有感情的,儿子犯了这么大的罪,老爹就只是退休,这样的恩宠,难得一见。

严嵩退休了,严世蕃下狱了,事情到了现在这个地步,看起来徐阶赢了。罪恶得到惩罚,正义终于重见光明。就当所有人打算举杯庆贺时,只有徐阶不这么想,不仅如此,他还跑到严嵩的家,表示慰问。严嵩看到现在自己这个样子,徐大人居然不计前嫌,还来安慰自己,顿时感到无比的感动。就连严世蕃也都觉得,做人做到徐大人这个份上,实在是不易,于是把自己的老婆孩子都一并托付给了徐阶,请他代为照顾。

回到家的徐阶还没坐稳,他的儿子就走过来说:"大人受侮已极,此其时已。"(《明史纪事本末》)父亲您受严氏父子侮辱这么久了,现在该是还击的时候了。没想到徐阶大骂:"非严氏不至此,负心为难,人将不食吾余!"(《明史纪事本末》)我能有今天,都是严大人提拔所致,我怎么能做忘恩负义之人?

谁都知道,这不是徐阶的真心话,可谁都不明白,为什么到现在,徐阶还在忌惮严嵩?只有徐阶自己清楚,严党的势力,不是邹应龙一封奏折就能毁灭的,他们的力量大得可怕,随时都能绝地反攻,现在,还不是最后的时刻,他还要继续隐忍,继续等待。

果然,事情如徐阶所料,开始向着不利于他的方向发展。严世蕃虽然入狱了,可是经过一番审理,居然就给了他一个贪污八百两、充军雷州的判决。消息传出,所有人都震惊了,八百两,恐怕再加上四五个零都不够,严世蕃应该判死罪的,居然就让他充军,这算什么判决?

徐阶也很震惊,但他明白,负责审理的,大部分是严党的人,想要保住严世蕃,对他们来说不是难事。

没想到，就连发配充军，严世蕃也要打折执行。走到半路上，他就逃了回来，连着爪牙罗龙文一并跟着逃到了江西。逃就逃了吧，这两位仁兄一点儿都不消停，严世蕃在江西开始大兴土木，修建豪宅，还收了很多市井流氓、江洋大盗，估计是用作护院。那位罗龙文，打从发配那天起就不喘好气，心里把徐阶、邹应龙连同二人的祖宗都问候了个遍。有一次喝多了，居然破口大骂："当取应龙与徐老头，泄此恨！"（《明史纪事本末》）我要是不杀了这两个人，难解我心头之恨。

罗龙文怎么也没想到，就是这句话，成了徐阶反击的利器。

听到罗龙文的威胁，徐阶一改往日的淡定，连忙着手准备，派人严加守卫自己和邹应龙的家，看那架势，好像生怕哪天罗龙文从天而降，害了自己。

大家再一次糊涂了，徐大人这是怎么了，严嵩他都不怕，一个小人物的威胁怎么就让他吓破了胆？

其实，徐阶根本就不怕罗龙文，他真正的目标是严世蕃，小人物登场了，背后的黑手也不会消停太久。

可是让徐阶没想到的是，严世蕃根本就不用什么小人物来暖场，他早早地就在江西折腾开了，并且折腾的动静越来越大。

一天，给严世蕃修豪宅的工匠们没事干，就在路旁歇着。这个时候，一个人走了过来，这帮恶奴闲得无聊，拿砖头砸人家。没想到这位仁兄挨了砸，还挺镇静，走上前来，要找人理论。结果看门的轻蔑地说："京堂科道官候主人门，叱嗟谁敢动，此何为者？"（《明史纪事本末》）老子我是严大人的家丁，京城的大官见了我都得客客气气的，你算什么东西，还不快滚！

那个人听了,果然乖乖地滚了,但他并没有就此罢休,而是给他的好朋友写了一封哭诉信。这个人叫郭谏臣,是当时的袁州推官,而他的好朋友,叫林润,是朝中的御史大夫。

林润这个人十分厉害,能说会道且刚正不阿,他早就看严嵩父子不顺眼了,这样的好机会怎能错过。

他在奏折中把严世蕃在江西大兴土木、招兵买马、豢养强盗的事一股脑地全告诉了皇帝,末了还不忘意味深长地给了皇帝一句提醒,严世蕃现在应该在雷州啊,怎么会在江西呢,这说明他是半路逃走了啊,并没有按照您的旨意发配充军啊。

果然,嘉靖大怒,立刻派人赶到江西捉拿严世蕃和罗龙文。徐阶知道消息后,连夜派林润提前赶到,将严世蕃缉拿,这样一来,就算严党打算救严世蕃,也晚了一步,他们连严世蕃的影子都没看到,救援也就无从谈起了。

捉到严世蕃的林润打算好人做到底,又起草了一份奏折,陪着严世蕃一起进京。这份奏折上把严世蕃当逃兵、夺人钱财、淫人妻女的累累罪行又给皇帝讲了一遍。好吧,严世蕃,看来不好好修理你一下,我皇帝的威严何在。皇帝震怒,严世蕃再次下狱。可严世蕃似乎并不着急,反而告诉罗龙文,我们过不了多久就能出去,没准儿还能官复原职呢。

罗龙文想不明白了,严世蕃耐心地给他解释,什么贪污啊,占地啊,这些罪名都好说,但是,加在我身上的杀害沈𬭎、杨继盛的罪名,却会成为我们救命的稻草。毕竟,最后下旨杀这两个人的是皇上,现在用这个罪名治我,就等于说皇帝做错了。皇帝怎么能认错,他不认错,也就没有理由杀我们,我们迟早能出去。

严世蕃果然聪明，的确，三法司的人确实是将这条罪状写在了奏折里。不过，严世蕃再聪明，他的计谋也早已被徐阶看穿。当三法司的人将奏疏交给徐阶合议时，徐阶意味深长地说："诸君子谓严公子当死乎？生乎？"（《明史纪事本末》）你们这样写，到底是想杀严世蕃，还是想救他？

这一问，所有人都糊涂了，当然是要杀了他，这还有什么疑问吗？

徐阶笑了笑，如果把沈、杨二人冤死的罪名报上去，皇帝一定会大怒，被人明白地指出做错了，你让皇帝的颜面何存？所以，这样定罪，是在救严世蕃啊。

大臣们这才明白，连忙请教徐阶该怎么办。徐阶从袖子中掏出一份奏折："拟议久矣。诸公以为何如？"（《明史纪事本末》）就知道你们会上严世蕃的当，早就替你们准备好了。

大臣们打开奏折，满眼看到的只有欺君罔上，勾结倭寇。让你去充军，你自己跑回来了，明显是不听皇上的话啊，不是犯上是什么；罗龙文跟倭寇有勾结，你还和他交好，摆明了是和倭寇纠缠在一起了。皇帝再不理朝政，唯独对犯上和通倭恨之入骨，这样的奏折上去，严世蕃，你死定了。

果然，看到了这样一封奏折，什么君臣之义，什么二十年的恩情，二十年你严嵩就给我培养出这么一个败家的东西，杀，没得商量，一定得杀！

这个时候的严世蕃还在牢里自娱自乐呢，罗龙文看着这个独眼龙，恨不得把他另外一只眼也打瞎了，这都什么时候了，还这么没心没肺。严世蕃还直劝他，别害怕，我们一定能出去。

就这么劝着劝着，严世蕃果然等到了皇帝的旨意：严世蕃、罗龙文，立斩不赦。

这下好了，也别折腾了，严世蕃、罗龙文这两个难兄难弟抱头痛哭，以至于"家人请写遗书谢其父，不能成一字"（《明史纪事本末》）。

嘉靖四十四年（1565年）三月辛酉，严世蕃、罗龙文被押赴刑场，在众多京城百姓的注视下，执行斩刑。

严嵩天才的儿子，总算是走完了他的一生。严世蕃是聪明，可惜都没用到正地上，坏人就是坏人，就算他能风光一时，也改变不了他终将被正义战胜的结局。

好了，严世蕃死了，下一个，该轮到严嵩了。

丧钟为严太师敲响

严世蕃死了,严嵩惊恐地发现,原来一直以来,所谓的严党无非是因为自己的权势才聚集在一起,只有儿子才能知道如何运用这些人,也只有儿子才知道如何靠着又打又拉的方式留住这些人。而从严世蕃人头落地的那一刻起,严党再也不能听从严嵩的安排,成了有名无实的摆设。

严嵩老了,此时的他已经奉命致仕,从权力中心退了出来。本来身边没有了严世蕃这个智囊,他的日子就不好过,这次更彻底,智囊死了,还连累得他也被削去所有官职,贬为庶民,所有家产尽被抄入国库。严嵩绝望地感到,一切都完了。

据史料记载,在查抄严嵩的家时,抄出白银二百五十万五千余两,各类奇珍异宝不计其数,有的就连皇家都没有,这已经是逾矩,是欺君了。当初严嵩备受恩宠,皇帝根本就不在乎。可是此一时彼一时,现在,这些宝贝的存在,只能让皇帝更加生气,让严嵩落魄得更快一些。

家也抄了，官也没了，下一步，所有的人都在等着徐阶再上一道折子，求皇帝杀了严嵩，盛怒之下的皇帝一定会准了这个请求的。

可是徐阶并没有这样做，他不是不想杀了严嵩，为夏言报仇，为沈炼报仇，为杨继盛以及千千万万冤死在严嵩手里的英魂报仇。可是，不行，不能杀了严嵩，并不是徐阶怕严嵩还有后招，只是让严嵩就这样死掉，太便宜他了。

十几年的忍辱负重，十几年的曲意逢迎，有多少个夜晚，他独自难眠，脑海里出现的都是那一张张含冤受屈的面孔。又有多少次，他从梦中惊醒，脸上流满了泪水。徐阶何尝不想尽快除掉严嵩，还国家一个清明乾坤。可是不行，时机还没到。他徐阶还不够强大，他只能保留实力，不和严嵩正面对抗。就为这，他不知道挨了多少骂，受了多少白眼。所有人都可以义愤填膺，逞口舌之快，只有徐阶不行。他明白，痛骂严嵩是很畅快，但痛骂之后，却如过往云烟，不留痕迹。所以他不动声色，所以他暗中部署，当身边的人都认为徐阶是一个懦弱无能之人时，他早已布置好了一张大网，等待着严嵩钻进来；钻进来，就别想再出去。

现在好了，严嵩是真的败了，再没有翻盘的可能，徐阶辛辛苦苦十几年，为的不都是这一天吗？当所有人明白过来，知道徐阶的真正意图，看到徐阶取得胜利后，又一股脑地冲上来发表意见时，徐阶再一次保持了冷静，他不能被胜利冲昏了头脑，他要让严嵩真正地尝到众叛亲离、落魄潦倒是什么滋味，他要让严嵩为他所做的付出双倍的代价。

众人这次没有怒骂，只有不解。正因为他们不解，所以他们不是徐阶，他们也成不了徐阶。

失去了一切的严嵩被赶回了老家，迎接他的是所有人的唾骂，这个八十多岁的老人得不到一丝的怜悯与慈悲。当他杀夏言时，他慈悲了吗？当他纵容恶子贪污腐败，逼得人家破人亡时，他慈悲了吗？当他反对抵抗俺答大军，任京城百姓遭铁蹄践踏时，他慈悲了吗？没有，所以现在，他也不配得到慈悲。

饱读诗书十年，本想做个忠臣，可命运终究和他开了个玩笑，一步错，步步错。现在后悔，着实晚矣。无力生活而沿街乞讨的严嵩，最终在贫寒交加中，了结了一生。

严嵩的时代终于过去了，大明朝迎来了一个真正的首辅，徐阶。

如果说明帝国在严嵩手里，只是他敛财夺权的工具，那么在徐阶手里，它将真正按照一个国家应有的路线，走下去。

当嘉靖把当年严嵩所处的直庐赐给徐阶时，这位徐大人第一时间就在墙上挂了一幅字，上写"以威福还主上，以政务还诸司，以用舍刑赏还公论"（《明史》）。这不是做做样子，喊喊口号，徐阶是这么说，也是这么做的。

要论直谏敢言，徐阶比不过沈𬭼、杨继盛，要论清廉无私，他也比不过海瑞。可是，就算徐阶也黑点儿钱、占点儿地，他和严嵩最大的区别就在于，严嵩所考虑的，永远只是自己，这个国家是好是坏，人民是死是活，和他没有任何关系；而徐阶，却是实实在在为整个国家，为所有人民，殚精竭虑。

自从徐阶开始掌权后，整个朝廷的风气为之一新。一度被严嵩阻断的言路重新开启，皇帝又听到了很多不同的声音。但是嘉靖是一个什么人？他听不得反对的意见，尤其是作为一个专心修道的人，他最烦的就是大臣拿着国家大事来烦他。想想严嵩在的时候，自己每天逍遥自在，可现在，没事就得被徐阶叫去听大臣们议事，慢慢地，嘉靖有些不高兴了。

皇帝不高兴的方法就是治人的罪。有一次，嘉靖嫌给事御史说话太过激烈，抨击过当，想要给他点儿颜色瞧瞧，不料徐阶站出来给御史求情，说皇帝哪能听不得不同意见，这个人虽然说得重了点儿，但话糙理不糙，还是从轻发落吧。嘉靖无奈，只得答应。

完了，送走了严嵩，怎么又迎来这么一位？这还是当年那个一看皇帝生气就立刻改口的徐阶吗，这还是那个主动为朕修房子、炼丹药的徐阶吗，这还是那个甚至说过严嵩好话的徐阶吗？难道说，原来的一切，都是假的？

确实是假的，徐阶曾经做过的一切，都只有一个目的，除掉严嵩。而如今，目的达成，他再也没有必要伪装自己，现在，正是他大展拳脚的时候。

没办法，如果这个时候不用徐阶，那么谁来管理国家，嘉靖吗？他还指着多修两年道，多吃两年丹，多过两年清净日子呢。再说，徐阶执政以来，国家确实有了改观。也罢，就让他折腾去吧，只要能保住我皇帝的座位，怎么折腾都行。

如今的嘉靖感到自己实在是有些力不从心了，竟然被一个臣子玩得团团转。看来看人的眼力实在是不敢恭维了，竟然把一只张牙舞爪的狼，当作了温顺的绵羊，可耻，可恨！

好在徐阶这只狼，他的利爪尖牙对的都是这个国家的黑暗面，而面对正义，面对人民，他立刻披上羊皮，化身绵羊，是最温顺的动物。一张羊皮，让徐阶舞得风生水起。

　　这才是真正的政治家，真正的治国者。如果一味地温和妥协，那么即使代表正义，也终会被邪恶压制得动弹不得。徐阶很聪明，几十年的宦海生涯让他成了一个老谋深算、心机深沉的猎手，他懂得在什么时候出击才能大获全胜，也懂得如何隐忍，伪装自己的实力。他不是完全意义上的好人，但他所做的一切，都是为了保护那些好人，是为了天下人不用再受如严嵩之流的欺压和蹂躏。所以，即使有时做的不是好事，但非常之人，非常之时，非常手段，也无可厚非。

　　明帝国在徐阶的手里，终于开始向着美好的明天进发了，皇帝在徐首辅的劝说下，也勉为其难地听着来自不同地方的声音。但没过多久，一道奏折，让嘉靖一直忍而不发的怒气，有了宣泄的出口。

第八章

今夜星光灿烂

海瑞：谢谢捧场，我只是做我该做的事情

嘉靖四十五年（1566年）二月的一天，昧爽之时，西苑外，一人负手而立，坚毅的表情，眼中却有一抹视死如归的神色，他静静地等待着。

这时一个公公从里面走出，他疾步上前，行了个礼，向公公询问世宗今天可要上朝。公公转头看向他，这人他认识，就是因为清正廉洁而闻名的六品户部云南主事——海瑞。他为政清廉，洁身自爱，正直刚毅，敢于蔑视权贵，抑制豪强，安抚穷困百姓，打击奸臣污吏。

公公回了个礼，告诉海瑞，皇帝今天要继续去炼丹房，仍然不上朝，也不接见任何人。

海瑞听罢内心愤懑不已，他拿出厚厚的奏折，郑重其事地请公公直接呈于皇帝。公公不忍拒绝，终答应帮忙。

海瑞道了谢，转身离去，背影却是如此孤单。在世宗对敢于上谏之人给予的是砍头待遇的情况下，毕竟怕死之人甚多，许多人就

睁一只眼闭一只眼算了。海瑞怎么说也是个上有老、下有小的人，他怎么敢如此冲动地直谏，弃自己的性命和家庭而不顾呢？古人常说："忠孝难以两全。"海瑞正是深知这一道理，并且在这种抉择中，他选择了把"忠"放在高于一切的位置，正因为他对自己的国家爱得深沉，正因为他的责任观和道德观使他无法沉默，因此即使"谏官"阵营中只有他一个，他也毫不畏惧。

西苑内，嘉靖皇帝斜倚在软榻上，眼睛微闭，脸上尽是病态的倦意。公公悄然立于皇帝身边，告诉他海瑞有一份奏疏上呈，嘉靖拿过奏疏翻开来看，脸色却愈来愈阴霾，好似满城风雨爆发前之势。公公看着皇帝的脸色也心惊胆战，不禁往旁边瑟缩了一下。

嘉靖看了奏疏盛怒，心想这人如此大逆不道，竟敢冒犯于我！于是把奏疏摔到地上，怒道："去执之，无使得遁！"旁边的宦官黄锦安抚说："此人素有痴名。闻其上疏时，自知触忤当死，市一棺，诀妻子，待罪于朝，僮仆亦奔走散无留者，是不遁也。"（《明史·海瑞传》）

听了黄锦的话，嘉靖皇帝的怒气消了不少。他对于海瑞大无畏的勇敢精神倒是给予了一些肯定。嘉靖把海瑞的奏疏又复读了两遍，觉得说的还是有道理的，不过作为帝王，一颗高傲的心仍然让他无法忍下这口气。于是次日，嘉靖还是下令，派锦衣卫把海瑞抓起来，关进锦衣卫特设的监狱。

户部有个司务叫何以尚，极佩服海瑞，于是在海瑞被捕的第四天闯进宫，他击打景阳钟，要求皇帝上朝，呈上奏疏，请求释放海瑞。嘉靖看到还有人敢帮助海瑞，这挑战了他的自尊心，于是很生气，当即令锦衣卫将何以尚廷杖四十，也关进监狱。嘉靖要把海瑞处死,刑部拟了把海瑞斩首的奏章,当经过阁老徐阶的手时,因为徐阶爱才,才有心搁置下来,没有呈嘉靖御批。后来过了不久,嘉靖因吃丹药中毒很深,渐渐卧床不起,不久驾崩。

嘉靖四十五年(1566年),明穆宗朱载垕继位,宣布大赦,把海瑞、何以尚等人释放出狱,官复原职。

海瑞终于得以重见天日。俗话说得好:"福兮,祸之所倚;祸兮,福之所伏。"海瑞在这大难不死之后,必有后福。他不仅名声更响了,世人都称赞他"扶棺进谏钢做脊,铁骨铮铮胆气豪",并且在仕途上也步步高升。

海瑞官复原职不久,就改任兵部,被提拔为尚宝丞,调任大理寺。

隆庆三年(1569年),海瑞升任右佥都御史,总管粮道,巡抚最富庶的应天府。海瑞上任后,还是用其"铁腕"的手段,一如既往地惩治贪官,打击豪强,并且疏浚河道,修筑水利工程,解决了当地的水患问题,还强令贪官污吏退田还民。

任巡抚不到半年,穆宗又改任海瑞为督南京粮储。由于受到徐阶老对手高拱的从中破坏,海瑞只好称病辞官,返归故里。后来由于得罪了内阁首辅张居正,革职闲居16年之久。

海瑞这16年的生活看上去是闲适无争的,也是他所向往的,但是他做不到,就因为他的气节。他认为仕途是士人实现人生价值的唯一途径,如果不能为世所用,那么人生就没有了意义,于是他还是期待着有复出的一日。然而现实的残酷使他慢慢意识到,因为他不能"通达",因为他不肯向这个世界妥协,所以没有人敢用他,即使有着一身忠诚傲骨又如何,这不为当时社会主流所容纳。于是他的生活渐渐黯淡下来。

然而，上天与他开了个玩笑，机遇却又再次降临。张居正死后，万历皇帝亲政。万历十三年（1585年）冬，海瑞重被起用，被提升为南京都察院御史，为正三品官员。"天意怜幽草，人间重晚晴"，七十多岁的老人，本应安享晚年，可朝廷的一纸诏书，让海瑞再一次踏上了险滩重重的仕途。

"老骥伏枥，志在千里。烈士暮年，壮心不已。"此时年逾古稀的海瑞，虽雄心犹在，却已无力回天。加之生活困苦，忧思多虑，很快就患病卧床不起了。再伟大的人在岁月面前也会十分渺小和脆弱，任何人都脱离不了生老病死的自然规律。万历十五年（1587年）十月十四日，在一个风雨交加的深夜，七十四岁的海瑞辞世，天地为之泣血，众官跪送，百姓哭迎。朝廷追赠海瑞为"太子太保"，谥号"忠介"。

海瑞从官几十载，用他的"廉正"，用他的"刚毅"，为百姓谋福祉，为国家谋福利。海瑞为官一生，几番沉浮，但始终让他个性依旧。风再猛，吹不断铁骨；雨再狂，冲不毁青天！他的刚强正直，他的铮铮铁骨，就像一轮明月，照亮了明代黑暗的官场，赢得了百姓的爱戴和拥护，正是"了却君王天下事，赢得生前身后名"。

高拱：我承认，我是一个难搞的人

隆庆六年（1572年）六月，皇宫上下笼罩在穆宗去世的悲哀中。十六日，高拱一早急匆匆地赶往皇极门，和文武百官一起等候圣旨，心想这次一定要将冯保这个心术不正的太监逐出宫外才罢休。未几，太监王蓁手捧圣旨走了进来，"圣母皇太后懿旨、皇贵妃令旨、皇帝圣旨：告尔内阁、五府、六部诸臣；大行皇帝殡天先一日，召内阁三臣御榻前，同我母子三人，亲受遗嘱云，东宫年少，赖尔辅导。大学士拱揽权擅政，夺威福自专，通不许皇帝主管，我母子日夕惊惧。便令回籍闲住，不许停留。尔等大臣受国厚恩，如何阿附权臣，蔑视幼主！自今宜洗涤忠报，有蹈往辙，典刑处之。"

"回籍闲住，不许停留！"这八个字震撼了在场的所有人。高拱一时呆若木鸡，旋即"伏地不能起"，悲痛欲绝。同样是明朝首辅，位居极品，先任徐阶、李春芳皆是"乞休归田"，安享晚年，为什么高拱沦落到如此下场呢？

所谓性格决定命运，高拱人生的不如意多源于他的个性——"才略自许，负气凌人"，就是有点恃才傲物、狂妄自大，更具体地表现为"性迫急，不能容物，又不能藏蓄需忍，有所忤触之立碎。每张目怒视，恶声继之，即左右皆为之辟易"。这样的性格对于他混迹官场是极为不利的，高拱盛气凌人的同时渐渐失去了为权者最宝贵的东西——人心，以致他一生"志不尽舒，才不尽酬"，郁郁而终。

要说高拱从政的三十余年里，共提职十四次，其才干是不容置疑的。从他留给后世的《问辨录》《春秋正旨》等作品就可见一斑。此外，高拱的思想也很有创新性，认为理在事物，颇有朴素唯物主义的味道；而且，他对"权"与"经"、"义"与"利"之辩证关系的见解更为独到，"盖经乃有定之权，权乃无定之经，无定也，而以求其定，其定乃为正也"，"苟出乎义，则利皆义也；苟出乎利，则义皆利"……这些深刻的思想是他在政务上取得成绩的根源。但高拱经常忽略一个问题：要将满腹经纶付诸国计民生的实事，必须先得保住自己的金饭碗。因此每当遇到人际关系问题时，高拱那丝毫不退让、不妥协、不隐忍的强硬姿态就一而再、再而三地成了人生路上的绊脚石。

大器晚成的高拱，年近三十才登上嘉靖二十年（1541年）的辛丑科殿试金榜，次年，授翰林院编修。九年后，他的才学得到赏识，与陈以勤一起为开邸受经的裕王侍讲，"拱侍裕邸九年，启王益敦孝谨，敷陈剀切。王甚重之，手书'怀贤忠贞'字赐焉"。可见他对工作是很兢兢业业、认真负责的，高拱博得了裕王的欣赏，二人结下了深厚的师生情谊。

当时，严嵩、徐阶轮流当国，"以拱他日当得重，荐之世宗"，其他同僚也不敢轻易得罪高拱。从嘉靖三十一年（1552年）到嘉靖四十年（1561年），九年时间里，高拱从一个默默无闻的侍读升迁为翰林侍讲学士、太常寺卿。

在高拱离开王府后，裕王仍很信任和依赖他，"府中事无大小，（裕王）必令中使往问"。而高拱的官运似乎更为亨通，嘉靖四十一年（1562年），他升为礼部左侍郎兼学士，次年又调往吏部掌管詹事府事，不久晋升礼部尚书，召入直庐。直庐，即直宿之庐，旧时侍臣值夜班的地方。"讷晨出理部事，暮宿直庐，供奉青词，小心谨畏。"（《明史·严讷传》）明世宗久居西苑，大臣们则直庐院中，皆以此为荣。

世宗因阁事处理得不周到，说："阁中政本可轮一人往。"但首辅徐阶和宰相袁炜都不肯去，心直口快的高拱便对徐阶说道："公元老，常直可矣。不才与李（春芳）、郭（朴）两公愿日轮一人，诣阁中习故事。"表明他毛遂自荐愿意去接管内阁的事情，这对徐阶来讲本是件好事，怪只怪高拱太不懂得说话的技巧，找了个"公元老"的借口，使得徐阶听后"拂然不乐"。

此时，高拱年过半百而无子，心急如焚，"移家近直庐，时窃出"。这虽情有可原却违反了直庐的规章制度。又一日，世宗突感不适，传言甚多，高拱"遽移具出"。这两件事给有心之人留下了把柄，"给事中胡应嘉，阶乡人也，以劾拱姻亲自危"，上书明世宗，"拱辅政初，即以直庐为隘，移家西安门外，夤夜潜归"，"皇上违和，正臣子吁天请代之时，而拱乃为归计，此何心也"。高拱本就因地位骤升而有些"负气颇忤阶"，加上这个胡应嘉又是徐阶的老乡，因此他一腔怒火烧向了徐阶，怀疑是徐阶指使所为。

以上种种，高拱与徐阶嫌隙渐生，矛盾越来越深化。

嘉靖四十五年（1566年）十二月世宗死，徐阶草拟遗嘱时单诏门生张居正，高拱知道后非常不满；穆宗登基后，徐阶又以首辅元老自居，积极引荐张居正，高拱的心情更是不能平静。但他不肯纡尊降贵，"自以帝旧臣，数与之抗"，"阶渐不能堪"。后来因为高拱执意促成胡应嘉谪外，引起群臣不满上奏弹劾他，高拱请徐阶拟旨惩罚奏劾者，徐阶未办，"拱益怒，相与忿诟阁中"。然而徐阶权势正盛，"论拱者无虚日"，高拱一气之下称病辞官，穆宗见挽留不住，准以少傅兼太子太傅、尚书、大学士衔回乡养病。

没过多久，徐阶也请归，穆宗让李春芳接替首辅。次年，在张居正与宦官李芳的努力下，高拱复出。隆庆三年（1569年），高拱以大学士兼掌吏部重新回到朝思暮想的京城，这让先前与他为敌的人惶惶不可终日，"拱乃尽反阶所为，凡先朝得罪诸臣以遗诏录用赠恤者，一切报罢"。再度复出的高拱没有了针锋相对的死对头，可以将更多的精力放在朝政上了。

这段时间，高拱在吏治、筹边、行政方面多有建树。"其在吏部，欲遍识人才，授诸司以籍，使署贤否，志里姓氏，月要而岁会之"，又提出人才储备之说，使得"他日边方兵备督抚之选，皆于是取之"。他还十分体察下情，改革马政、盐政，"惟教官驿递诸司，职卑禄薄，远道为难，宜铨注近地，以恤其私"。俺答的孙子来降，高拱与张居正力排众议，促成封贡，又严格整顿边疆，使得"数月之间，三陲晏然"……诸如此类的业绩数不胜数，可谓政绩斐然。穆宗对高拱的各项改革也是无所不从，即使明里暗里打高拱小报告的人不在少数，又有传言说高拱的门生、亲属收受贿赂，穆宗依然宠信他，升他为柱国、中极殿大学士，及至李春芳乞休归田，高拱顺理成章地位居首辅，专擅国柄，日益专横跋扈，这又使他得罪了一个不该得罪的人——冯保，"冯保者，中人，性黠，次当掌司礼监"。

隆庆六年（1572年）的春天，穆宗因病去世，本意是让阁臣代权，"而中官矫遗诏命与冯保共事"。高拱不能容浊，又发挥了他直性子的特点，"以主上幼冲，惩中官专政，条奏请诎司礼权，还之内阁"。而张居正"与保深相结"，将此事私下告诉了冯保。冯保则"恶人先告状"，在太后面前添油加醋地诽谤高拱，以致"数拱罪而逐之"。

戚继光：很猛很强大

明朝著名抗倭将领戚继光，一生与一个"武"字难解难分。他不仅出身于武将世家，戎马一生，死后还被追加谥号为"武毅"。"克定祸乱曰武。以兵征，故能定。"(《逸周书·谥法解》)他的最大功绩便是带领戚家军扫除倭患，平定祸乱，镇抚边疆，使明王朝的统治在入侵者的袭扰中稳若泰山。

用他自己的话来描述他的一生："南北驱驰报主情，江花边月笑平生。一年三百六十日，多是横戈马上行。"(戚继光《马上作》)

戚继光自幼生长在将门，祖辈均系明代将领，"父景通，历官都指挥，署大宁都司，入为神机坐营，有操行"(《明史·戚继光传》)。戚继光从小就被父亲严加管教、勤练武艺，"好读书，通经史大义"，还有一位良师不为名利亲自上门为其授课。受到良好家庭教育和军事生活的熏染，戚继光很早就怀有保家卫国的大理想。

嘉靖二十三年（1544年），年仅十七岁的戚继光一面遭受着丧父之痛，一面承袭了登州卫（今山东蓬莱）指挥佥事的职位。在这第一份差事上，年纪轻轻的戚继光没有初入职场的青涩，在管理屯田事务上他敢作敢为、大刀阔斧地革除弊病，赢得了士兵们的拥护。

每日操劳工作之余，戚继光仍苦学不辍，勤加批注，"封侯非我意，但愿海波平"的著名诗句就写于此时。初出茅庐，他便显露出强烈的爱国情感和将相之才的雄心抱负。然而，承袭来的官位没有绊住这位有志之士前进的脚步，不久戚继光决定去参加科举考试。

古代的科举考试分为两种，一种是文人参加的，叫文科举，另一种是政府为了选拔武将而设置的，叫武举。戚继光要去参加的自然是武举。毫无悬念地，戚继光中了"武秀才"，次年恰逢庚戌年会试，于是戚继光赴京应试，但是历史上却没有记载他的这次考试成绩，科举之路就这样莫名其妙地中断了，这是为什么呢？

答案只需一个词——"巧合"。

当时，明王朝的边防岌岌可危，北有虏，南有倭，坐在紫禁城里的嘉靖皇帝最怕的就是频频来扰的蒙古大军。结合时政国情，戚继光准备拟写一篇《备俺答策》来应试。就在他挥毫泼墨之际，鞑靼首领俺答汗竟然直捣京师、焚掠三日，制造了骇人听闻的庚戌之变！火烧眉毛的嘉靖将此时来京赶考的武举人全部动员了起来，参与城防工作，戚继光的《备俺答策》正好是一股解燃眉之急的清泉，所以在大家都没有成绩的时候，戚继光被任命为总旗牌，奉命戍守蓟门，"东起山海关，西至镇边城"。这在当年参加武举的考生中是绝无仅有的。"才猷虎变，当收儒将之功；意气鹰扬，可望干城之寄。"（《戚少保年谱耆编》）

从嘉靖二十九年（1550年）庚戌之变算起，到嘉靖三十一年（1552年）这三年时间里，按戚继光自己的说法是"臣束发从征，三历边境"（《止止堂集·横槊稿》）。戚继光从此开始了守北防、抗南倭，由北到南再由南到北的征战生涯。

由于嘉靖初期明王朝在西草湾大败葡萄牙的远东舰队后执行严格的海禁政策，加上汉奸王直、陈东、徐海、叶麻等人勾结倭寇，大肆劫掠江浙百姓，到了嘉靖三十二年（1553年），东南沿海多年沉积下来的倭寇之乱终于呈现出规模化爆发的趋势。戚继光在此时被升为署都指挥佥事，派回老家掌管山东的海上御倭事宜。由此，戚继光与倭寇结下了不解之缘。

要说倭患最严重的地方，当数江浙沿海，在胡宗宪刚刚接位浙江巡抚后，戚继光就被调任浙江都司佥书，继而两人分别擢升浙直福建总督和宁绍台参将。在戚继光二十九岁这一年里，他打响了人生中剿倭除寇的第一枪，首战龙山所即击败八百敌人。但是他也发现明朝军纪废弛，将士难以调度，各级将领为吃空饷编造士兵名额也是普遍的贪污现象。于是他上疏《任临观请创立兵营公移》提出练兵的请求，胡宗宪调了三千人给他训练。

嘉靖三十六年（1557年），胡宗宪用诱敌深入之计，抓了王直，他的干儿子毛海峰带着数千倭寇退回了浙江的大本营岑港，负隅顽抗。岑港地形三面环山，一面朝海，居高临下，易守难攻。明军主帅俞大猷围困半年久攻不下，嘉靖因此大为恼怒，颁下圣旨，限俞大猷一月之内必取岑港，否则军法论处。为了督战，半月后嘉靖又补了一条：自俞总兵以下，各级将军、参将一律革职，成则戴罪立功，败则免职下狱。在危急关头戚继光毛遂自荐，率众舍生忘死，奋勇冲杀，拒守岑港的倭寇终于抵挡不住，放火烧寨，狼狈逃窜。至此，王直势力的重要基地被摧毁，海盗们的走私贸易港不复存在，大大打击了东亚的海上走私贸易。

此后，戚继光愈战愈勇，大小战役鲜有败绩。比较著名的战役有：台州之役，经新河、花街、上峰岭、藤岭、长沙等战斗，十三战十三捷，斩杀真倭三千余人；福建之役，经横屿、牛田、林墩三战，斩真倭五千余人。其中横屿之战是一场精彩的步炮协同作战，先以火炮击沉倭寇战船并轰击倭寇大营，再以突击队强行登陆突破倭寇本阵，斩杀倭寇头领。莆田的平海卫、仙游、王仓坪、蔡丕岭四场战役，斩真倭二万余人，另外剿灭勾结倭寇的吴平军队，斩从倭三万余人，吴平逃亡海上。同时还创造了以平均每二十二人伤亡，换取斩杀一千人的冷兵器时代敌我伤亡比的奇迹。

身经百战又百战百胜的戚继光，显然是明朝上下找不出第二个的实力干将，嘉靖封他做总兵官，镇守福、兴、漳、泉、延、建、邵武、福宁、金、温九郡一州。倭寇背地里叫他"戚老虎"，在他眼皮底下都不敢轻举妄动，东南沿海一下子太平了许多。可嘉靖没享受几天太平日子就撒手人寰了，死讯传来，戚继光奉命北上，协助戎政，调到神机营当副将。

不过北方还不安宁，蒙古的鞑靼从来就没停止过对明朝的骚扰，戚继光又被任命为都督同知，总理蓟、昌、保定的练兵事务。这回戚继光挂帅亲征的机会不如以前多了，但他丝毫不懈怠——积极练兵，修筑边墙和空心敌台，建辎重营，教授将领御敌方略、设立武学、培养将官，主持军事演习、著兵书，制轻战车、铁狼筅等器械。这一系列工作的军事价值不逊色于他的赫赫战功，他的《纪

217

效新书》《练兵实纪》等书是军事著作中的经典教材，历经百年仍闪烁着思想创新的光辉。

戚继光一生为国为民，鲜有污点，唯一让人诟病的是在政治上他与首辅张居正交往甚密，以为他依附权势。所以张居正病卒的次年，即万历十一年（1583年），五十六岁的戚继光由京师降调外用，派往广东。兵科给事张希皋仍不罢休，继续弹劾直到戚继光被罢去总兵官之职，五十八岁的白发老人提前退休，回到故乡蓬莱，两年后病逝。